utb 5445

Eine Arbeitsgemeinschaft der Verlage

Brill | Schöningh – Fink · Paderborn
Brill | Vandenhoeck & Ruprecht · Göttingen – Böhlau · Wien · Köln
Verlag Barbara Budrich · Opladen · Toronto
facultas · Wien
Haupt Verlag · Bern
Verlag Julius Klinkhardt · Bad Heilbrunn
Mohr Siebeck · Tübingen
Narr Francke Attempto Verlag – expert verlag · Tübingen
Psychiatrie Verlag · Köln
Ernst Reinhardt Verlag · München
transcript Verlag · Bielefeld
Verlag Eugen Ulmer · Stuttgart
UVK Verlag · München
Waxmann · Münster · New York
wbv Publikation · Bielefeld
Wochenschau Verlag · Frankfurt am Main

#fragdocheinfach
Alle Bände der Reihe finden Sie am Ende des Buches.

Dr. Henrik Bispinck ist Historiker und wissenschaftlicher Mitarbeiter in der Abteilung Vermittlung und Forschung des Stasi-Unterlagen-Archivs im Bundesarchiv.

Henrik Bispinck

Friedliche Revolution und Wiedervereinigung? Frag doch einfach!

Klare Antworten aus erster Hand

UVK Verlag · München

Umschlagabbildung und Kapiteleinstiegsseiten: © bgblue – iStock
Abbildungen im Innenteil: Figur, Lupe, Glühbirne: © Die Illustrationsagentur; Infografik: © bitmedia.dk; Abb. 1: © Danica Jovanov – iStock; Abb. 3: © aprott – iStock; Abb. 6: © ullstein bild – dpa; Abb. 7: © ullstein bild – dpa

Bibliografische Information der Deutschen Nationalbibliothek
Die Deutsche Nationalbibliothek verzeichnet diese Publikation in der Deutschen Nationalbibliografie; detaillierte bibliografische Daten sind im Internet über http://dnb.dnb.de abrufbar.

DOI: https://doi.org/10.36198/9783838554457

– ein Unternehmen der Narr Francke Attempto Verlag GmbH + Co. KG
Dischingerweg 5 · D-72070 Tübingen

Internet: www.narr.de
eMail: info@narr.de

Einbandgestaltung: siegel konzeption | gestaltung
CPI books GmbH, Leck

utb-Nr. 5445
ISBN 978-3-8252-5445-2 (Print)
ISBN 978-3-8385-5445-7 (ePDF)
ISBN 978-3-8463-5445-2 (ePub)

Für Anne

Inhalt

Vorwort

Am 24. Februar 2022 marschierten russische Truppen in die Ukraine ein, der Überfall Russlands auf seinen südwestlichen Nachbarn begann. Drei Tage später gab Bundeskanzler Olaf Scholz auf einer Sondersitzung des Bundestags eine Regierungserklärung zum Krieg gegen die Ukraine ab. Er leitete diese mit den Worten ein: „Der 24. Februar 2022 markiert eine Zeitenwende in der Geschichte unseres Kontinents." Was er damit meinte, konkretisierte er wenige Sätze später: „Die Welt danach ist nicht mehr dieselbe wie die Welt davor." Der Begriff der „Zeitenwende" wurde von Presse und Öffentlichkeit rasch – und überwiegend zustimmend – aufgenommen. Er hat es sogar in die Online-Enzyklopädie Wikipedia geschafft – wenn auch noch nicht als eigenständiges Lemma. Auch Historiker übernahmen den Begriff rasch – oder sprachen alternativ von einer „Zäsur", die der 24. Februar für die europäische und globale Geschichte darstelle.

Doch was ist eine historische Zäsur eigentlich? Und lässt sich nicht erst mit größerem zeitlichen Abstand beurteilen, ob ein bestimmtes Ereignis oder auch eine Kette von rasch aufeinanderfolgenden Ereignissen eine Zäsur darstellt? Das letzte Ereignis, das bereits von Zeitgenossen vielfach als welthistorischer Einschnitt wahrgenommen wurde, waren die Terroranschläge vom 11. September 2001. Hier geronn – wie häufig – das Datum selbst in der englischen Form 9/11 zur Chiffre für die damit verbundene „Zeitenwende". Damals wurde mit Blick auf die Bedeutung des Ereignisses der Satz „Nichts wird mehr sein, wie es war" geprägt. Tatsächlich aber änderte sich – trotz Militäreinsatz in Afghanistan und Irakkrieg, trotz weiterer Terroranschläge und erhöhter Sicherheitsmaßnahmen, im Alltag der meisten Menschen wenig. Und je länger die Anschläge zurücklagen, desto stärker relativierte sich im Rückblick der historische Zäsurcharakter dieses Datums.

Auch den Fall der Mauer am 9. November 1989, genauer: die Öffnung der Grenzübergänge im geteilten Berlin, nahmen bereits Zeitgenossen, die dieses Ereignis noch dazu live am Fernseher verfolgen konnten, als Ereignis von historischer Dimension wahr – für Deutschland sowieso, aber auch für Europa. Die Grenzöffnung ereignete sich im Kontext der friedlichen Revolution in der DDR, die die SED-Diktatur stürzte und binnen elf Monaten in die Vereinigung Deutschlands nach über 40 Jahren der Teilung mündete. In Verbindung mit den Revolutionen in den übrigen kommunistischen Staaten

Was die verwendeten Symbole bedeuten

Toni verrät dir spannende Literaturtipps, ▶ Videos und Blogs im World Wide Web.

Die Glühbirne zeigt eine Schlüsselfrage an. Das ist eine der Fragen zum Thema, deren Antwort du unbedingt lesen solltest.

Die Lupe weist dich auf eine Expertenfrage hin. Hier geht die Antwort ziemlich in die Tiefe. Sie richtet sich an alle, die es ganz genau wissen wollen.

Eine Auswahl wichtiger Menschen der friedlichen Revolution und Wiedervereinigung wird im letzten Kapitel in kurzen Biographien vorgestellt. Die Pfeile zeigen an, über wen es mehr zu lesen gibt.

Zahlen und Fakten zur friedlichen Revolution und Wiedervereinigung

Stand: 1989, Quelle: Statistisches Jahrbuch für die Bundesrepublik Deutschland 1990

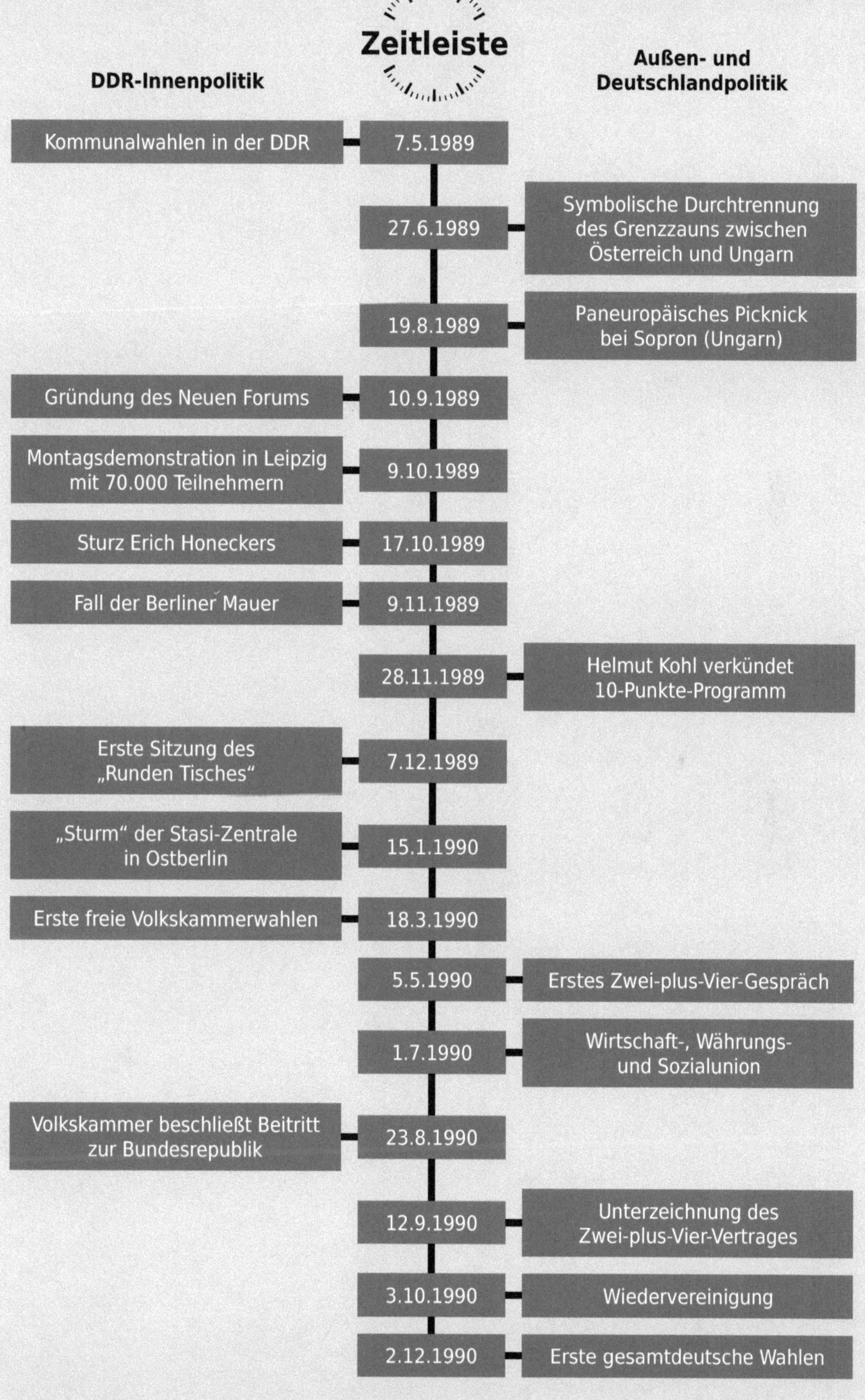

Zeitleiste
DDR-Innenpolitik
Außen- und Deutschlandpolitik
Kommunalwahlen in der DDR
7.5.1989
27.6.1989
Symbolische Durchtrennung des Grenzzauns zwischen Österreich und Ungarn
19.8.1989
Paneuropäisches Picknick bei Sopron (Ungarn)
Gründung des Neuen Forums
10.9.1989
Montagsdemonstration in Leipzig mit 70.000 Teilnehmern
9.10.1989
Sturz Erich Honeckers
17.10.1989
Fall der Berliner Mauer
9.11.1989
28.11.1989
Helmut Kohl verkündet 10-Punkte-Programm
Erste Sitzung des „Runden Tisches“
7.12.1989
„Sturm“ der Stasi-Zentrale in Ostberlin
15.1.1990
Erste freie Volkskammerwahlen
18.3.1990
5.5.1990
Erstes Zwei-plus-Vier-Gespräch
1.7.1990
Wirtschaft-, Währungs- und Sozialunion
Volkskammer beschließt Beitritt zur Bundesrepublik
23.8.1990
12.9.1990
Unterzeichnung des Zwei-plus-Vier-Vertrages
3.10.1990
Wiedervereinigung
2.12.1990
Erste gesamtdeutsche Wahlen

Geschichte der deutschen Teilung

Bevor es in diesem Buch um die friedliche Revolution und die deutsche Wiedervereinigung geht, wird in diesem Kapitel geklärt, wie es überhaupt zur Teilung Deutschlands kam. Darauf aufbauend werden die Unterschiede zwischen den beiden Staaten beleuchtet und die Gründe für den Mauerbau erläutert. Die Auswirkungen der Teilung auf die Deutschen in Ost und West werden ebenfalls thematisiert.

Warum war Deutschland geteilt?

Der Zweite Weltkrieg endete im Mai 1945 mit der bedingungslosen Kapitulation des Deutschen Reiches. Die vier alliierten Siegermächte USA, Sowjetunion, Großbritannien und Frankreich besetzten Deutschland vollständig. Die Territorien des Reiches östlich der Oder-Neiße-Grenze kamen unter polnische und sowjetische Verwaltung, die deutsche Bevölkerung dieser Gebiete wurde aus ihrer Heimat vertrieben. Der restliche Teil Deutschlands wurde in vier Besatzungszonen aufgeteilt: die sowjetische im Osten, die britische im Nordwesten, die französische im Südwesten und die US-amerikanische im Süden.

Abb. 1: Karte des in vier Besatzungszonen aufgeteilten Deutschlands

Nach den Übereinkünften der Potsdamer Konferenz vom 2. August 1945 übernahmen die Besatzungsmächte gemeinsam die oberste Regierungsgewalt für ganz Deutschland. Sie schufen dafür den Alliierten Kontrollrat als höchstes Entscheidungsgremium. Dessen Beschlüsse waren jedoch nicht bindend, und die Besatzungsmächte verfolgten in ihrer jeweiligen Zone eine eigenständige Politik. Schon bald zeichnete sich ab, dass die Vorstellungen der sowjetischen Besatzungsmacht sich von denen der westlichen Mächte grundsätzlich unterschieden. Im Westen gab es mehr Gemeinsamkeiten: Großbritannien und die USA schlossen ihre Besatzungszonen zunächst am 1. Januar 1947 zur Bizone und im März 1948 gemeinsam mit der französischen zur Trizone zusammen.

Seit Mitte 1947 verstärkten sich die ideologischen und machtpolitischen Gegensätze zwischen den Machtblöcken in Ost und West. Sie überlagerten zunehmend die gemeinsame Verantwortung für Deutschland als ehemaligem Kriegsgegner. Mit dem Scheitern der Londoner Außenministerkonferenz im Dezember 1947 und dem Auszug der sowjetischen Delegation aus dem Alliierten Kontrollrat im März 1948 wurde der Bruch offensichtlich: Der Kalte Krieg hatte begonnen – und seine Frontlinie zog sich mitten durch Deutschland.

Von nun an steuerte alles auf eine Zweistaatlichkeit zu. Mit der Durchführung einer separaten Währungsreform im Westen – die Sowjetische Besatzungszone (SBZ) zog wenige Tage später nach – war Deutschland als Wirtschaftsgebiet geteilt. Parallel dazu wurden zwei unterschiedliche Verfassungen ausgearbeitet. Diese Entwicklung mündete im Jahr 1949 in die doppelte Staatsgründung: Am 24. Mai trat im Westen das Grundgesetz der Bundesrepublik Deutschland in Kraft, der 7. Oktober markierte mit der Konstituierung der provisorischen Volkskammer den Gründungstag der Deutschen Demokratischen Republik (DDR).

Damit war die deutsche Teilung besiegelt, die von den Menschen in Ost und West aber zunächst noch als vorübergehend betrachtet wurde. Die weitere Entwicklung in beiden deutschen Staaten, insbesondere ihre Einbindung in die militärischen Bündnisse NATO bzw. Warschauer Pakt im Jahr 1955, vertiefte die Spaltung jedoch. Spätestens mit dem Bau der Berliner Mauer im August 1961 wurde klar, dass die Teilung Deutschlands noch lange Bestand haben würde.

Literaturtipp | Einen guten Überblick über die deutsche Geschichte zwischen Kriegsende und doppelter Staatsgründung bieten folgende Bücher: Wolfgang Benz: *Wie es zu Deutschlands Teilung kam. Vom Zusammenbruch zur Gründung der beiden deutschen Staaten 1945–1949*, München 2018, und Matthias Uhl: *Die Teilung Deutschlands. Niederlage, Ost-West-Spaltung und Wiederaufbau 1945–1949*, Berlin 2009.

Wie unterschieden sich die DDR und die Bundesrepublik voneinander?

Die beiden deutschen Staaten stellten analog zu den Machtblöcken, in die sie eingebettet waren, entgegengesetzte politische, gesellschaftliche und wirtschaftliche Systeme dar.

Im Westen Deutschlands wurde ein föderaler Bundesstaat mit parlamentarischer Demokratie als Regierungsform errichtet. Das Grundgesetz definierte die Bundesrepublik als freiheitlich-demokratischen und sozialen Rechtsstaat. Es garantierte Menschen- und Bürgerrechte, Meinungs- und Pressefreiheit. Im westdeutschen Teilstaat herrschte Gewaltenteilung, die Justiz war politisch unabhängig und das Wirtschaftssystem folgte dem Prinzip der sozialen Marktwirtschaft.

Auf dem Gebiet der Sowjetischen Besatzungszone entstand hingegen eine zentralistisch verfasste Diktatur, die von der aus der Zwangsvereinigung von KPD und SPD hervorgegangenen Sozialistischen Einheitspartei (SED) beherrscht wurde. Staatliche Institutionen und die Ministerien waren lediglich ausführende Organe der Beschlüsse der SED. Eine demokratische Mitbestimmung der Bevölkerung war durch die Organisation der Wahlen über Einheitslisten ausgeschlossen. Es gab weder Gewaltenteilung noch eine unabhängige Justiz, die Presse unterlag der Zensur und die Meinungsfreiheit war beschränkt. Die Wirtschaft war nach dem Prinzip der zentralen Planwirtschaft organisiert, private Unternehmen wurden nach und nach als Volkseigene Betriebe (VEB) quasi verstaatlicht.

Die Gegensätzlichkeit der politischen Systeme in Ost- und Westdeutschland blieb – ungeachtet der weiteren Entwicklung in beiden Staaten – während der Zeit der deutschen Teilung im Grundsatz bestehen. Die Bundesrepublik entwickelte sich zu einem wirtschaftlich prosperierenden, liberalen Gemeinwesen, das fest in der Wertegemeinschaft des Westens verankert war. Die DDR konnte in ihrer ökonomischen und gesellschaftlichen Entwicklung zu keinem Zeitpunkt mit der Bundesrepublik mithalten. Sie bot als selbsternannter „Arbeiter-und-Bauern-Staat" aber das Versprechen sozialer Sicherheit und Gleichheit sowie Bildungs- und Aufstiegschancen für bisher unterprivilegierte Bevölkerungsschichten. Von der überwiegenden Mehrheit der Bevölkerung in West wie Ost indes wurde 40 Jahre lang die Bundesrepublik als das attraktivere System wahrgenommen.

Literaturtipp | Wie sich die beiden deutschen Staaten voneinander unterschieden, wie sie konkurrierten, wie sie aber auch miteinander verflochten waren und sich gegenseitig beeinflussten – das zeigen anhand anschaulicher Beispiele die Beiträge in folgendem Band: Udo Wengst/ Hermann Wentker (Hg.): *Das doppelte Deutschland. 40 Jahre Systemkonkurrenz,* Berlin 2013.

Was machte den besonderen Status von Westberlin aus?

Nach dem Ende des Zweiten Weltkriegs teilten die vier Siegermächte die bisherige Reichshauptstadt Berlin analog zu den Besatzungszonen in vier Sektoren auf. Der östliche Sektor der Stadt wurde von der Sowjetunion kontrolliert, die drei westlichen Sektoren von den USA, Großbritannien und Frankreich. Zunächst wurde Berlin von einem gemeinsamen Magistrat regiert, der der Kontrolle durch eine Alliierte Kommandantur unterstand. Ebenso bestand ein Gesamtberliner Parlament, die Stadtverordnetenversammlung. Nach Konflikten zwischen der sowjetischen und den westlichen Besatzungsmächten kam es zur Spaltung der Stadt, im Ost- und Westteil etablierten sich getrennte Regierungen.

Sowohl die Verfassung der DDR als auch das Grundgesetz der Bundesrepublik betrachteten Berlin bzw. „Groß-Berlin" als Ganzes als Bestandteil ihres Territoriums. De facto blieb die Stadt jedoch geteilt. Ostberlin wurde zum Regierungssitz des ostdeutschen Teilstaats und firmierte dort zunächst als „(Groß-)Berlin, demokratischer Sektor" und seit den 1960er-Jahren als „Berlin, Hauptstadt der DDR".

Der Status von Westberlin war komplizierter. Westberlin galt nicht als eigenständiges Bundesland und wies daher einige Besonderheiten auf. So entsandte die Teilstadt zwar wie die westdeutschen Länder Abgeordnete in den Deutschen Bundestag, doch verfügten diese dort nicht über ein Stimmrecht. Umgekehrt besaßen die vom westdeutschen Parlament verabschiedeten Gesetze für Westberlin keine Gültigkeit. Sie enthielten daher eine „Berlin-Klausel" und mussten vom Berliner Abgeordnetenhaus eigens in Kraft gesetzt werden. Die Einwohner Westberlins konnten aufgrund des besonderen Status der Teilstadt nicht zur Bundeswehr eingezogen werden, weshalb viele junge Männer aus Westdeutschland dorthin zogen, um sich dem Wehrdienst zu entziehen.

Um deutlich zu machen, dass der westliche Teil der ehemaligen Hauptstadt nicht zur Bundesrepublik gehörte, bezeichnete ihn die DDR offiziell als „selbständige politische Einheit Westberlin" (ohne Bindestrich). In der Bundesrepublik firmierte er dagegen seit den 1960er-Jahren offiziell als „Berlin (West)", geläufiger war die Schreibweise „West-Berlin" (mit Bindestrich).[*]

Im Alltag von größerer Bedeutung war die Insellage Westberlins, das komplett vom Territorium der DDR umschlossen war. Es war dadurch wirtschaftlich von Subventionen aus Westdeutschland abhängig, die auch großzügig flossen. Denn während des Kalten Krieges galt Westberlin als „Vorposten der freien Welt" und „Schaufenster des Westens". In der bis August 1961 noch offenen Stadt konnten sich Ostberliner bei Theater- und Kinobesuchen oder einem Bummel über den Kurfürstendamm einen Eindruck von der Lebenswirklichkeit des Westens, von seiner kulturellen Vielfalt und vor allem von seinem Warenangebot verschaffen.

---

* Ob man Westberlin mit oder ohne Bindestrich schrieb, war lange Zeit – zum Teil bis heute – eine politische Glaubensfrage. Wer „Westberlin" schrieb, sah und sieht sich oft dem Vorwurf ausgesetzt, er mache sich die SED-Definition der Teilstadt als „selbständige politische Einheit" zu eigen – ungeachtet der Tatsache, dass diese Schreibung bis in die frühen 1960er-Jahre auch im Westen üblich war. Angesichts dessen, dass der Kalte Krieg und die damit verbundene Teilung Deutschlands und Berlins inzwischen über 30 Jahre zurückliegen, wird in diesem Buch durchgehend die auch vom Duden vorgegebene Schreibung „Westberlin" verwendet – ohne dass damit irgendwelche politischen Implikationen verbunden sind.

Zugleich diente Westberlin als letztes Schlupfloch für Flüchtlinge, die in den 1950er-Jahren in großer Zahl aus der DDR in die Bundesrepublik kamen. Mit dem Bau der Mauer am 13. August 1961 wurde der Fluchtbewegung ein Ende gesetzt. Die Mauer trennte Nachbarn und Freunde, zerriss Familien und stellte 28 Jahre lang eine offene Wunde dar. Der Eiserne Vorhang teilte jetzt nicht mehr allein Deutschland, sondern auch die einstige Weltstadt. Aber er schuf auch klare Verhältnisse: Der Status der geteilten Stadt wurde in Ost wie West von nun an nicht mehr ernsthaft in Frage gestellt.

Literatur- und Linktipp | Eine ebenso informative wie kurzweilige, mit vielen persönlichen Erzählungen angereicherte Geschichte des Westteils von Berlin bietet das Buch von Elke Kimmel: *West-Berlin. Biografie einer Halbstadt,* Berlin 2018. Das Buch ist auch vergünstigt über die Bundeszentrale für politische Bildung erhältlich: www.bpb.de/shop.

Wie durchlässig war die Grenze zwischen der DDR und der Bundesrepublik?

Die Grenze zwischen der Bundesrepublik und der DDR ging aus der Interzonengrenze hervor, die bis 1949 den Übergang von einer Besatzungszone in die andere markierte. Nach der doppelten Staatsgründung wurde sie von beiden deutschen Staaten bis 1956 offiziell als Demarkationslinie bezeichnet. Trotz Kontrollen an den Übergangsstellen war ein Passieren dieser Linie in den frühen 1950er-Jahren ebenso möglich wie üblich. Es gab zahlreiche sogenannte Grenzgänger, die auf der einen Seite der Grenze lebten und auf der anderen arbeiteten.

Im Mai 1952 riegelte die DDR die Grenze zur Bundesrepublik ab. Die Regierung ließ eine Fünf-Kilometer-Sperrzone einrichten, für deren Betreten ein Passierschein erforderlich war. Hinzu kamen ein 500 m breiter „Schutzstreifen“, der unter der unmittelbaren Kontrolle der Grenzpolizei stand, sowie ein 10 m breiter „Kontrollstreifen“, dessen Betreten für jedermann verboten war. Im Zuge der Grenzabriegelung wurden tausende als „unzuverlässig“ geltende Bewohner der Fünf-Kilometer-Zone zwangsweise ausgesiedelt und an Orte im Landesinneren der DDR verbracht.

Die Grenzanlagen wurden in den folgenden Jahren weiter ausgebaut und eine gefahrlose Überschreitung der innerdeutschen Grenze war nicht mehr möglich.

Die Grenze in Berlin blieb demgegenüber offen – und nicht wenige DDR-Bürger nutzten sie, um in den Westen zu gelangen. Innerhalb Berlins gab es viele Menschen, die zwischen den beiden Teilen der Stadt hin- und herpendelten. DDR-Bürger konnten auch offiziell besuchsweise in die Bundesrepublik reisen, doch wurde die Genehmigung entsprechender Anträge zunehmend restriktiv gehandhabt. Die SED wollte die Bürger ihres Staates nicht „westlichen Einflüssen" aussetzen. Auch kehrten einige DDR-Bürger von ihrem als Besuch beantragten Aufenthalt in der Bundesrepublik nicht zurück. Weniger problematisch war es für Bundesbürger, in die DDR einzureisen; von westdeutscher Seite gab es keine Beschränkungen.

Die Möglichkeit, die DDR über die offene innerdeutsche bzw. Berliner Grenze dauerhaft in Richtung Westen zu verlassen, nutzten in den 1950er-Jahren über drei Millionen Menschen. Für die DDR bedeutete der Weggang von überwiegend jungen und gut ausgebildeten Personen einen enormen wirtschaftlichen Aderlass. Umgekehrt stellten die „Republikflüchtlinge" für die Bundesrepublik einen Zugewinn an Arbeitskräften dar, die in Zeiten des „Wirtschaftswunders" dringend benötigt wurden. Zugleich wurde die Fluchtbewegung im Zeichen der deutsch-deutschen Systemkonkurrenz auch als „Abstimmung mit den Füßen" zugunsten des Westens wahrgenommen.

Die Abriegelung der Grenze in Berlin am 13. August 1961 kam über Nacht und für die Menschen in Ost wie West völlig überraschend. Nach und nach wurden noch vorhandene Schlupflöcher in der Mauer gestopft. Parallel dazu wurde auch die innerdeutsche Grenze weiter ausgebaut. Beide Bevölkerungen waren von nun an fast vollständig voneinander getrennt und Fluchtversuche von Ost nach West mit einer Gefahr für Leib und Leben verbunden. Besuchsreisen oder Übersiedlungen in die Bundesrepublik wurden nur noch in seltenen Ausnahmefällen und überwiegend Rentnern genehmigt. Zugleich war der Zugang zu westlichen Konsumgütern, kulturellen Angeboten und Presseerzeugnissen für DDR-Bürger gänzlich unterbunden. Lediglich über Radio und Fernsehen hatte ein Großteil der DDR-Bevölkerung noch die Möglichkeit, sich über den Westen zu informieren. Brief- und Paketverkehr blieben ebenfalls erhalten, allerdings konnte die Post durch das Ministerium für Staatssicherheit der DDR kontrolliert werden.

Im Zuge der Entspannungspolitik lockerte die SED seit den 1970er-Jahren die Restriktionen – allerdings in sehr begrenztem Maße. Übersiedlungen von Ost nach West, etwa zum Zwecke der Familienzusammenführung, wurden häufiger genehmigt, gleiches galt für Besuchsreisen in die Bundesrepublik aus familiären Anlässen. Insgesamt knapp 200.000 Menschen siedelten bis Sommer 1989 mit Hilfe eines Ausreiseantrags in die Bundesrepublik über. Für die allermeisten DDR-Bürger blieb die innerdeutsche Grenze jedoch bis ins Jahr 1989 eine nahezu unüberwindbare Barriere.

Warum flüchteten Menschen aus der DDR?

Die Gründe für den Entschluss, der DDR dauerhaft den Rücken zu kehren, waren vielfältig. Sie reichten von direkter politischer Verfolgung über wirtschaftliche Gründe bis hin zu privaten Motiven, wobei dazwischen häufig nicht scharf zu trennen ist. In vielen Fällen hatte sich eine allgemeine Unzufriedenheit mit der Situation in der DDR über Jahre hinweg angestaut, und es bedurfte nur eines kleinen Anlasses, um die Flucht auszulösen. Manche Fluchtursachen betrafen nur bestimmte Berufe oder gesellschaftliche Gruppen, andere hingen von der jeweiligen politischen Lage in der DDR ab.

In den 1950er-Jahren flüchteten zahlreiche Politiker, die mit dem absoluten Herrschaftsanspruch der SED in Konflikt geraten waren. Sie verließen die DDR zum Teil aus Enttäuschung darüber, dass sie ihre Vorstellungen nicht verwirklichen konnten, zum Teil aus Furcht vor Inhaftierung. Auch außerhalb des engeren Politikbereichs sahen sich viele Menschen in Beruf und Alltag politischem Druck ausgesetzt oder gerieten mit der Staats- und Parteibürokratie in Konflikt. Dies betraf etwa Lehrer, die die neuen, von der marxistisch-leninistischen Ideologie geprägten Unterrichtsinhalte nicht vermitteln wollten. Ähnliches galt für christlich orientierte Schüler, die sich in der Jungen Gemeinde engagierten oder die Konfirmation der Jugendweihe vorzogen. Sie sahen sich nicht selten vor die Wahl gestellt, ihre schulische Karriere aufzugeben oder die DDR zu verlassen. Den auch mit Gewalt durchgesetzten Umgestaltungswillen der SED bekamen in den 1950er Jahren insbesondere Landwirte zu spüren. Selbständige Bauern standen unter dem Druck der Kampagnen zur Kollektivierung. Viele gaben ihren Hof lieber ganz auf und flüchteten in den Westen, als ihn in eine Produktionsgenossenschaft einzubringen.

Die politischen Ursachen für die Fluchtbewegung lassen sich gut an der zahlenmäßigen Entwicklung ablesen. In Zeiten starker Repression wie in den Monaten vor dem Volksaufstand vom 17. Juni 1953 waren die Flüchtlingszahlen besonders hoch. Gleiches galt für Phasen außenpolitischer Unsicherheit wie während der zweiten Berlin-Krise 1958/61.

Wirtschaftliche Motive spielten für die Fluchtbewegung ebenfalls eine wichtige Rolle. Die ökonomische Entwicklung der DDR hinkte der westdeutschen von Anfang an hinterher. Die Unzulänglichkeiten der Planwirtschaft führten immer wieder zu Versorgungsengpässen bei Lebensmitteln und Konsumgütern. Für zahlreiche Produkte des täglichen Bedarfs mussten die Menschen anstehen, auf hochwertige Konsumprodukte gar jahrelang warten. Ersatzteile für Fahrzeuge und technische Geräte waren oft nur unter großen Schwierigkeiten oder mit Hilfe von „Beziehungen" zu bekommen. Innerhalb des kommunistischen Ostblocks war der Lebensstandard in der DDR zwar am höchsten. Den Bürgern diente als Vergleichsmaßstab aber nicht das sozialistische Ausland, sondern die Bundesrepublik. Besuchsreisen, Westpakete und das westdeutsche Fernsehen führten ihnen das Konsumgefälle zwischen Ost und West immer wieder vor Augen und sorgten für Unzufriedenheit.

Zu den wirtschaftlichen und politischen Gründen traten private Motive. Viele litten unter der Trennung ihrer Familien durch die Grenze. Dass gegenseitige Besuchsreisen im Laufe der Jahre erschwert wurden und nach dem Mauerbau zeitweise völlig unmöglich waren, machte die Teilung auf der privaten Ebene zunehmend unerträglich. Hier zeigt sich, wie die zunehmende Abschottung der DDR-Bevölkerung nicht selten erst den Grund dafür schuf, die Heimat verlassen zu wollen. Ähnliches galt für den Wunsch nach Reisefreiheit über die Grenzen der beiden deutschen Staaten hinaus. Doch gab es auch Motive, die nichts mit den politischen Verhältnissen in der DDR zu tun hatten: Hierzu zählten neu eingegangene Ehen und Liebesbeziehungen oder deren Scheitern, die Flucht vor Vaterschaftspflichten oder Familienstreitigkeiten.

Bei allen unterschiedlichen individuellen Motiven und ungeachtet des Auf und Ab der Flüchtlingszahlen sind jedoch die beiden strukturellen Ursachen für die Massenflucht zu betonen, die die gesamte Bevölkerung der DDR betrafen und sich kontinuierlich durch die Geschichte der Teilung zogen: Zum einen die undemokratischen Verhältnisse und die mangelnde persönliche Freiheit in der DDR, zum anderen die wirtschaftliche Überlegenheit der

Bundesrepublik. Solange die SED ihren Herrschaftsanspruch nicht aufgab und ihre Politik nicht substanziell änderte, blieben diese Ursachen bestehen.

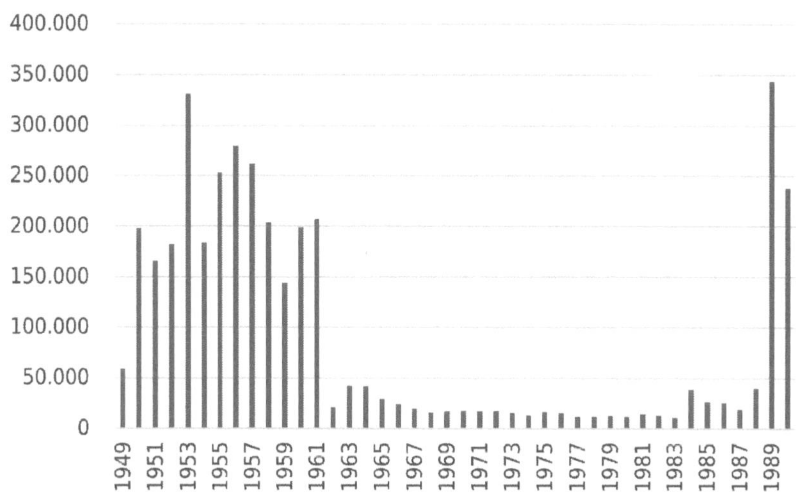

Abb. 2: Flucht und Übersiedlung 1949–1990 (eigene Darstellung), Antragsteller im Bundesnotaufnahmeverfahren, Quelle: Bettina Effner/Helge Heidemeyer (Hg.): Flucht im geteilten Deutschland, Berlin 2005, S. 28

Literatur- und Linktipp | Im ehemaligen Notaufnahmelager für DDR-Flüchtlinge und Übersiedler in Berlin-Tempelhof befindet sich die *Erinnerungsstätte Notaufnahmelager Marienfelde.* Die Dauerausstellung informiert über die Motive der Flüchtlinge, die Fluchtwege sowie über die Integration der ehemaligen DDR-Bürger in der Bundesrepublik. Nähere Informationen zur Ausstellung und zum Thema insgesamt finden sich auf der Homepage der Erinnerungsstätte: www.notaufnahmelager-berlin.de. Vertiefende Einsichten bietet das Begleitbuch zur Ausstellung: Bettina Effner/Helge Heidemeyer (Hg.): *Flucht im geteilten Deutschland,* Berlin 2005.

Warum wurde im August 1961 in Berlin eine Mauer gebaut?

Die offene Grenze in Berlin war die Achillesferse der DDR. Sie bot Ostberlinern und auch zahlreichen DDR-Bürgern die Möglichkeit, sich einen Eindruck vom westlichen Lebensstil zu machen und sich mit Konsumgütern und Presseerzeugnissen des „Klassenfeindes“ zu versorgen. Vor allem aber stellte die offene Sektorengrenze das letzte Schlupfloch für Fluchtwillige dar. Seit 1953 gelangten jährlich weit über 100.000 DDR-Bürger über Westberlin in die Bundesrepublik. Diesen enormen Aderlass wollte die SED stoppen.

Die sowjetische Führung hatte wiederholt versucht, den Status von Westberlin als De-facto-Exklave der Bundesrepublik auf dem Gebiet der DDR zu beenden. Ende 1958 unternahm der Generalsekretär der KPdSU, Nikita Chruschtschow, einen erneuten Vorstoß. Er forderte ultimativ, Westberlin in eine „Freie Stadt“ umzuwandeln und die Truppen der Westalliierten abzuziehen. Zugleich sollte die Bundesrepublik die DDR als eigenständigen Staat anerkennen. Chruschtschow drohte damit, andernfalls einen Separatfrieden mit der DDR zu schließen und dieser die Kontrolle über die Transitwege zwischen Westdeutschland und Westberlin zu übertragen. Die Westmächte lehnten dies ab und bekräftigten die Zugehörigkeit Westberlins zum Schutzgebiet der NATO. Weitere Verhandlungen in den Folgejahren blieben ergebnislos, auch ein Treffen zwischen Chruschtschow und dem neu gewählten US-Präsidenten John F. Kennedy am 3./4. Juni 1961.

Parallel zu diesen internationalen Auseinandersetzungen stiegen die Fluchtzahlen aus der DDR wieder an: Von 144.000 im Jahr 1959 auf 203.000 im Jahr 1960. Die Abwanderung verschärfte die wirtschaftliche Krise im ostdeutschen Teilstaat. SED-Chef Walter Ulbricht hatte Moskau schon wiederholt dazu gedrängt, einer Abriegelung der Grenze innerhalb Berlins zuzustimmen, um die Fluchtbewegung zu stoppen. Lange hatten sich die Sowjets in dieser Frage stur gestellt. Vor dem Hintergrund des Misserfolgs seines Berlin-Ultimatums und der sich zuspitzenden ökonomischen Krise der DDR gab Chruschtschow dem Drängen Ulbrichts schließlich nach. Die Entscheidung zum Mauerbau fiel vermutlich in der ersten Julihälfte 1961, offiziell beschlossen wurde er auf einer Konferenz der Warschauer-Pakt-Staaten Anfang August. Die von John F. Kennedy am 25. Juli formulierten „three essentials“ (Anwesenheit der Westalliierten, freier Zugang nach sowie Sicherung der Freiheit und Lebensfähigkeit von Westberlin) standen dem nicht im Wege, sie bezogen sich nur auf den Westteil der Stadt.

Noch am 15. Juni 1961 hatte Ulbricht auf einer internationalen Pressekonferenz verkündet: „Niemand hat die Absicht, eine Mauer zu errichten." Schon wenige Wochen später begannen dessen ungeachtet unter strengster Geheimhaltung die Vorbereitungen zum Mauerbau. Nur wenige Personen waren eingeweiht, selbst der engste Führungszirkel von Partei und Regierung wurde erst am Vorabend der Grenzabriegelung informiert, die in der Nacht vom 12. auf den 13. August begann. Angehörige der Nationalen Volksarmee, der Grenzpolizei, der Volkspolizei und der Betriebskampfgruppen errichteten Zäune, zogen Stacheldraht, sperrten die Zugänge zur U-Bahn ab und mauerten die Eingänge von Häusern zu, die auf der Sektorengrenze standen.

Zitat | „Niemand hat die Absicht, eine Mauer zu errichten", Walter Ulbricht, 15. Juni 1961
Diese Aussage, eines der berühmtesten Zitate der Weltgeschichte, fiel auf einer internationalen Pressekonferenz. Mit Blick auf den Vorschlag der Sowjetunion, dass Westberlin den Status einer „Freien Stadt" erhalten solle, fragte die Westberliner Korrespondentin der Frankfurter Rundschau, Annemarie Doherr, den Staatsratsvorsitzenden der DDR: „Bedeutet die Bildung einer Freien Stadt Ihrer Meinung nach, dass die Staatsgrenze am Brandenburger Tor errichtet wird?" Ulbricht antwortete: „Ich verstehe Ihre Frage so, dass es in Westdeutschland Menschen gibt, die wünschen, dass wir die Bauarbeiter der Hauptstadt der DDR dazu mobilisieren, eine Mauer aufzurichten. Mir ist nicht bekannt, dass eine solche Absicht besteht. [...] Niemand hat die Absicht, eine Mauer zu errichten!" Obwohl der SED-Chef damit die Frage eigentlich verneinte, stand – ob beabsichtigt oder nicht – plötzlich das Wort „Mauer" im Raum. Die Brisanz der Aussage wurde erst zwei Monate später, nach dem 13. August, deutlich. Bis heute stehen diese Worte sinnbildlich für die Heuchelei des SED-Regimes in Bezug auf den Mauerbau.

Der Mauerbau schockierte die Bevölkerung in beiden Teilen der Stadt. Die Mauer trennte Nachbarn und Freunde, zerriss Familien und schnitt Berufstätige von ihrem Arbeitsplatz ab. Während der Regierende Bürgermeister von Berlin Willy Brandt scharf protestierte, reagierte Bundeskanzler Konrad Adenauer verhaltener. Er rief zu Ruhe und Besonnenheit auf und stattete der eingemauerten Stadt erst neun Tage später einen Besuch ab. Die Westalliierten sandten – der Form halber – Protestnoten nach Moskau, akzeptierten den Mauerbau aber im Grunde als Manifestierung des Status quo.

Die SED-Führung rechtfertigte die Mauer 28 Jahre lang als „antifaschistischen Schutzwall". Ihr eigentlicher Zweck, nämlich die Fluchtbewegung aus der DDR zu stoppen, wurde mit dieser Bezeichnung verschleiert.

Abb. 3: Berliner Mauer am Brandenburger Tor 1980

Linktipp | Über die Geschichte der Berliner Mauer, über geglückte und gescheiterte Fluchten, die Todesopfer an der Mauer sowie viele weitere Aspekte informiert anhand zahlreicher Dokumente in Text, Bild, Ton und Film die Website *Chronik der Mauer*. Sie bietet zudem eine Fülle von Materialien für Schulunterricht und Studium: www.chronik-der-mauer.de.

Wie veränderte sich das Verhältnis zwischen den beiden deutschen Staaten nach dem Mauerbau?

Der Bau der Berliner Mauer am 13. August 1961 vertiefte die deutsche Spaltung. Die Mauer unterband nicht nur die Fluchtbewegung von DDR-Bürgern weitgehend, sondern auch Kontakte zwischen Ost- und Westberlinern und damit einen wichtigen Kommunikationskanal im geteilten Land. Die Gesellschaften in Ost und West entwickelten sich zunehmend getrennt voneinander, entfremdeten sich. Sowohl in der deutschen Bevölkerung als auch international wurde die Teilung in wachsendem Maße als dauerhaft betrachtet und akzeptiert.

Die Einsicht, dass Deutschland auf absehbare Zeit geteilt bleiben würde, führte allmählich zu einer Neuorientierung der Bonner Politik gegenüber der DDR. Der Regierende Bürgermeister von Berlin, SPD-Vorsitzende und spätere Außenminister und Bundeskanzler Willy Brandt entwickelte gemeinsam mit seinem Sprecher Egon Bahr in den 1960er-Jahren das Konzept des „Wandels durch Annäherung". Angesichts des Status quo sollten Erleichterungen für die Menschen in der DDR und eine Verbesserung der Kontaktmöglichkeiten zwischen Ost und West im Vordergrund der Deutschlandpolitik stehen. Mit der Übernahme der Kanzlerschaft in einer sozialliberalen Koalition im Jahr 1969 begann Brandt dieses Konzept umzusetzen.

In einer Reihe von internationalen und bilateralen Verträgen wurde der Status quo im Hinblick auf die deutsche Teilung festgeschrieben und ein gegenseitiger Verzicht auf die Anwendung von Gewalt vereinbart. Es gab Erleichterungen im Transitverkehr zwischen Westberlin und der Bundesrepublik, Bonn und Ostberlin tauschten „ständige Vertreter" aus und beide deutsche Staaten wurden in die Vereinten Nationen aufgenommen. Eine völkerrechtliche Anerkennung der DDR durch die Bundesrepublik war damit jedoch nicht verbunden. Die Bundesregierung hielt am Wiedervereinigungspostulat des Grundgesetzes fest.

Der Prozess erhöhte das internationale Ansehen der DDR, verpflichtete sie aber zugleich zu Zugeständnissen. Mit der Aufnahme in die UNO im Jahr 1973 war für sie die Anerkennung der UN-Charta und der allgemeinen Menschenrechte verbunden. Diese schlossen das Recht auf Freizügigkeit ein. Und mit der Unterzeichnung der Schlussakte der Konferenz für Sicherheit und Zusammenarbeit in Europa (KSZE) bekannte sich die DDR zu Erleichterungen bei Besuchsreisen und Familienzusammenführungen.

In der Folge stellten ab Mitte der 1970er-Jahre mehr und mehr Menschen einen Antrag auf Ausreise aus der DDR. Obwohl diese Anträge von den DDR-Behörden routinemäßig als „illegal" abgewiesen wurden, konnte die SED-Führung sich diesen Forderungen nicht gänzlich entziehen. Im Laufe der Jahre wurde eine wachsende Zahl dieser Anträge genehmigt: Im Jahr 1977 gelangten 3.500 DDR-Bürger auf diesem Wege in die Bundesrepublik, sieben Jahre später waren es etwa zehnmal so viele. Bis zum Ende der DDR sank die jährliche Anzahl nur noch einmal unter 10.000. Der Eiserne Vorhang war löchrig geworden.

Bei der Integration der Übersiedler in der Bundesrepublik zeigten sich indes die Folgen der langen Separierung der beiden deutschen Staaten. Während eine Arbeit und eine Wohnung zumeist recht schnell gefunden waren, fühlten sich viele der ostdeutschen Neuankömmlinge fremd in der neuen Heimat. Sie hatten Schwierigkeiten, sich sozial und mental an die Gegebenheiten in Westdeutschland anzupassen. Die Probleme, nach 1990 die „innere Einheit" Deutschlands herzustellen, warfen hier ihre Schatten voraus – zu einem Zeitpunkt, als die Wiedervereinigung in weite Ferne gerückt schien.

Filmtipp | Über die allmähliche Annäherung der beiden deutschen Staaten nach dem Mauerbau und die Gemeinsamkeiten der Deutschen in Ost und West erzählt auf subtile Weise die erste Folge *Taxi nach Leipzig* der ARD-Krimi-Reihe *Tatort* aus dem Jahr 1970. Der Fernsehfilm ist als DVD sowie auf einschlägigen Streaming-Plattformen erhältlich. Siehe dazu auch den Podcast *Innerdeutsche Beziehungen. Der Tatort Taxi nach Leipzig* auf tatort-deutsche-teilung.de sowie den Online-Beitrag *Im Zeichen der Entspannungspolitik. Der erste Tatort und die deutsche Teilung* auf www.visual-history.de.

Vorgeschichte der friedlichen Revolution

Viele Bürgerinnen und Bürger waren mit den Verhältnissen in der DDR unzufrieden. Während die einen nach Veränderungen im Innern strebten, wollten andere die DDR Richtung Westen verlassen. Gleichzeitig gab es auch in den östlichen Nachbarländern der DDR spannende Entwicklungen, die einen Einfluss auf die friedliche Revolution hatten: In Polen und Ungarn kam es zu demokratischen Reformen und der Eiserne Vorhang wurde löchrig.

Warum war die Bevölkerung der DDR unzufrieden?

Zu Unzufriedenheit hatte es in der DDR zu allen Zeiten vielerlei Anlass gegeben. Hierzu zählten das Fehlen persönlicher Freiheit und demokratischer Teilhabe, aber auch die schwierige wirtschaftliche Situation und die damit verbundene schlechte Versorgungslage. Einige Entwicklungen hatten sich jedoch in den 1980er-Jahren zugespitzt und einzelne Menschen ebenso wie Gruppen begannen, gegen die Machthaber aufzubegehren.

Bei seinem Machtantritt im Jahr 1971 hatte Erich Honecker einen Kurswechsel in der Wirtschaftspolitik eingeleitet. Langfristige Investitionen wurden zugunsten einer stärker an den Bedürfnissen der Bevölkerung orientierten Produktion von Konsumgütern zurückgestellt. Mit dem Versprechen auf baldigen Wohlstandszuwachs und soziale Verbesserungen sollte die Loyalität der Bevölkerung gesichert werden. Auf dem IX. Parteitag der SED im Mai 1976 wurde dieser Kurs in die Formel „Einheit von Wirtschafts- und Sozialpolitik“ gegossen. Diese Politik führte zwar tatsächlich zu einer spürbaren Verbesserung des Lebensstandards, ging aber zulasten der ökonomischen Substanz und wurde durch eine höhere Auslandsverschuldung erkauft.

Die negativen Folgen wurden in den 1980er-Jahren sichtbar: Betriebe und Infrastruktur waren marode, was sich negativ auf die Produktionsabläufe auswirkte. Die Beschäftigten waren frustriert, weil sie an schlecht gewarteten Maschinen arbeiteten und häufig lange auf das benötigte Material warten mussten. Zugleich konnte die Produktion von Konsumgütern und Lebensmitteln vielfach nicht mehr mit den steigenden Einkommen Schritt halten: Die Menschen verfügten über Geld, konnten es aber kaum ausgeben. Am deutlichsten zeigte sich dies beim Autokauf: Auf einen Neuwagen der Marken Trabant und Wartburg musste man bis zu 17 Jahre warten – ganz abgesehen davon, dass die stinkenden Zweitakter der globalen technologischen Entwicklung mittlerweile meilenweit hinterherhinkten. Das viel beschworene „Weltniveau“ wurde bei weitem nicht erreicht. Demgegenüber vermochten die „sozialen Errungenschaften“, die subventionierten Lebensmittel und die billigen Mieten nur begrenzt zur gesellschaftlichen Befriedung beitragen – sie wurden von der Bevölkerung längst als selbstverständlich betrachtet.

Eine weitere Folge der auf Verschleiß gefahrenen Wirtschaft waren gravierende Umweltbelastungen. Die Luft in den Städten der Industriereviere, insbesondere im berüchtigten mitteldeutschen Chemiedreieck, war so stark belastet, dass die Bewohner häufig aufgefordert werden mussten, Türen und

Fenster zu schließen. Viele Flüsse und Seen waren durch Industrieabwässer verseucht, landwirtschaftliche Flächen von Düngemitteln belastet. Eine öffentliche Diskussion über diese Missstände war nicht möglich. Nicht von ungefähr wurden Umweltschutzinitiativen zu einer der Keimzellen der Oppositionsbewegung.

Das soziale Aufstiegsversprechen, mit dem die DDR vor allem in den beiden ersten Jahrzehnten ihrer Existenz noch zahlreiche Menschen an sich binden konnte, stieß mittlerweile an seine Grenzen. In den 1950er- und 1960er-Jahren hatten hunderttausende Menschen aus unterprivilegierten Schichten Ausbildungs- und Berufsmöglichkeiten erhalten, die ihnen in früheren Zeiten verwehrt geblieben waren. Viele hatten diese Chancen genutzt, mittlere oder gehobene Leitungspositionen erreicht – und waren dort verblieben. Die beruflichen Karrierewege waren verstopft, auch weil mit dem drastischen Rückgang der Fluchtbewegung nach dem Mauerbau weniger Stellen frei wurden. Dies führte zu Unmut bei ehrgeizigen und gut qualifizierten Nachwuchskräften – insbesondere dann, wenn die angestrebten Positionen weniger aufgrund fachlicher Qualitäten als nach politischer Linientreue vergeben wurden.

Ebenfalls an Integrationskraft verloren hatte die Friedensrhetorik der SED. Der Widerspruch zwischen der Proklamation der DDR als „Friedensstaat" bei gleichzeitiger Militarisierung der Gesellschaft war zwar kein neues Phänomen, doch zu Beginn der 1980er-Jahre hinterfragten immer mehr Menschen die Formel, nach der „der Friede bewaffnet" sein müsse. Es entstand – wie in der Bundesrepublik – eine Friedensbewegung. Als Katalysator wirkten hier die Stationierung von nuklearen Mittelstreckenraketen in beiden deutschen Staaten sowie die Einführung des Wehrunterrichts als Pflichtfach an den Schulen der DDR im Jahr 1978. Die Kirchen protestierten vergeblich dagegen und auch viele Eltern standen dem Wehrunterricht ablehnend gegenüber.

Verbunden waren diese konkreten Missstände insbesondere bei jungen Leuten mit einem allgemeinen Gefühl der Perspektivlosigkeit. Die Menschen waren nicht nur mit den gegenwärtigen Verhältnissen unzufrieden, sie hatten auch die Hoffnung verloren, dass sich daran in absehbarer Zeit etwas ändern würde. Eine Stimmung gesellschaftlicher und politischer Stagnation machte sich breit, wofür die Gerontokratie des Politbüros, dessen Mitglieder im Jahr 1988 durchschnittlich über 65 Jahre alt waren, nur der sinnfälligste Ausdruck war.

Literaturtipp | Eine lebendige, auch aus eigenen Erfahrungen gespeiste und anekdotenreiche Alltagsgeschichte der späten DDR bietet Stefan Wolle: *Die heile Welt der Diktatur. Alltag und Herrschaft in der DDR 1971–1989*, Berlin 1998.

Zitat | „Die Mauer steht noch 100 Jahre", Erich Honecker, 19. Januar 1989

Der Anlass war unverfänglich: Honecker hielt die Abschlussrede zu einer Tagung anlässlich des 500. Geburtstags des in der DDR verehrten Predigers und Bauernkriegsführers Thomas Müntzer. Dabei konterte er die Kritik westlicher Politiker am Fortbestehen der Berliner Mauer mit einer Rechtfertigung des „antifaschistischen Schutzwalls". Dieser habe die Lage in Europa stabilisiert und den Frieden gerettet. Die Rede gipfelte in dem Satz, die Mauer werde „in 50 und auch in 100 Jahren noch bestehen bleiben, wenn die dazu vorhandenen Gründe noch nicht beseitigt sind." Diese Aussage stellt quasi das Gegenstück zu Walter Ulbrichts „Niemand hat die Absicht, eine Mauer zu errichten" von 1961 dar. Auch Honeckers Prophezeiung hatte eine kurze Halbwertszeit: Nur zehn Monate später stand die Berliner Mauer, dieses „hässlichste Bauwerk der Welt", tatsächlich nicht mehr. Doch im Gegensatz zu Ulbricht, der die Öffentlichkeit bewusst in die Irre führte, glaubte Honecker tatsächlich an das, was er sagte.

Was bedeuteten „Glasnost" und „Perestroika"?

In der ersten Hälfte der 1980er-Jahre wechselte die Führungsspitze der Kommunistischen Partei der Sowjetunion (KPdSU) mehrfach in kurzer Folge. Nach 18-jähriger Herrschaft war Leonid Breschnew 1982 mit 75 Jahren gestorben, seine beiden Nachfolger waren ebenfalls vorgerückten Alters und regierten jeweils kaum mehr als ein Jahr. Die sowjetische Führung schien ebenso erstarrt wie die der DDR.

Im März 1985 wurde mit Michail Gorbatschow ein relativ junger Funktionär zum Generalsekretär der KPdSU gewählt. Schon bald galt der 54-Jährige als reformorientierter Hoffnungsträger. Als er die Macht übernahm, befand sich die Sowjetunion in einer tiefen gesellschaftlichen und ökonomischen Krise. Auf der einen Seite wurden Unsummen in das Militär investiert, um im Wettrüsten mit den USA mithalten zu können. Auf der anderen Seite war der Lebensstandard des Großteils der Bevölkerung niedrig, die Versorgungslage schlecht: Häufiger noch als in der DDR standen die Menschen vor leeren Regalen.

Gorbatschow erkannte, dass er nicht fortfahren konnte wie seine Vorgänger. Nach außen setzte er auf Entspannung, um das wirtschaftlich ruinöse Wettrüsten zu beenden. In einer Reihe von Verträgen mit den USA unter Führung von Präsident Ronald Reagan wurde ein massiver Abbau von Kurz- und Mittelstreckenraketen in Mitteleuropa vereinbart. Im Westen erwarb sich der Generalsekretär damit viele Sympathien.

Für seine Reformen im Innern prägte Gorbatschow die Begriffe „Perestroika" (Umbau) und „Glasnost" (Offenheit). Perestroika bezog sich dabei insbesondere auf das Wirtschaftssystem, in das der KPdSU-Chef marktwirtschaftliche Elemente einführte, allerdings ohne damit nennenswerte Erfolge zu erzielen. Glasnost zielte auf eine (begrenzte) geistig-kulturelle Liberalisierung. Die Presse konnte offener und kritischer berichten, bisher verbotene Bücher erscheinen. Dissidenten wie der Physiker Andrej Sacharow wurden aus dem Gefängnis entlassen oder kehrten aus der Verbannung zurück. Dabei ging es Gorbatschow mit seinen Reformen um eine Stabilisierung der bestehenden Sowjetunion und nicht etwa um eine Demokratisierung im westlichen Sinne. Die marxistisch-leninistische Ideologie stand für ihn ebenso wenig zur Disposition wie der Machtanspruch der kommunistischen Partei.

Die DDR war seit ihrer Gründung politisch, wirtschaftlich und militärisch von der Sowjetunion abhängig. Einen gegenüber Moskau eigenständigen Kurs konnte die SED nur in sehr begrenztem Maße verfolgen. Der „große Bruder" im Osten war nicht nur Schutzmacht des ostdeutschen Teilstaates, sondern galt auch als Vorbild. Daher weckten Gorbatschows Reformen in der ostdeutschen Bevölkerung die Hoffnung auf Veränderungen auch in der DDR. Die SED-Führung lehnte „Glasnost" und „Perestroika" jedoch ab. Sie sah darin eine Gefahr für den eigenen Herrschaftsanspruch. Für die DDR-Bürger wurde das spätestens im Herbst 1988 deutlich, als die sowjetische Monatszeitschrift „Sputnik" aus dem Postvertrieb der DDR genommen wurde, was einem Verbot gleichkam. Die Zeitschrift hatte in der jüngeren Zeit vermehrt Beiträge veröffentlicht, die Ausdruck des Reformprozesses in der Sowjetunion waren und sich kritisch mit der Geschichte des Kommunismus auseinandersetzten.

Das Verbot des „Sputnik“ löste einen wahren Proteststurm aus. Die Hoffnung, der Reformkurs Gorbatschows könnte auf die DDR abfärben, war endgültig enttäuscht worden. Die jahrzehntelang proklamierte Losung „Von der Sowjetunion lernen, heißt siegen lernen“ galt offenbar nicht mehr – im SED-Parteiorgan Neues Deutschland war sie schon seit 1984 nicht mehr zu lesen gewesen. Das Gefühl der Stagnation und Perspektivlosigkeit in der Bevölkerung verstärkte sich.

Literaturtipp | Wie die Deutschen in Ost und West auf den sowjetischen Hoffnungsträger schauten, hat jüngst Hermann Wentker in einer umfassenden Studie untersucht: *Die Deutschen und Gorbatschow. Der Gorbatschow-Diskurs im doppelten Deutschland 1985–1991,* Berlin 2020.

Welchen Einfluss hatten die Entwicklungen in anderen kommunistischen Staaten auf die DDR?

Die DDR war weder das einzige noch das erste Land des Ostblocks, in dem die Herrschaft der kommunistischen Machthaber zu bröckeln begann. Frühere Aufstände oder Reformversuche von oben waren in der Vergangenheit stets durch militärisches Eingreifen der Sowjetunion beendet worden: So war es beim Aufstand vom 17. Juni 1953 in der DDR, im Herbst 1956 anlässlich des Volksaufstands in Ungarn und 1968 während des Prager Frühlings in der Tschechoslowakei. Dahinter stand das Ziel, ein Übergreifen politisch unliebsamer Entwicklungen auf andere Staaten des Ostblocks zu verhindern. Als im Jahr 1981 in Polen die Konflikte zwischen der unabhängigen Gewerkschaft Solidarność und der kommunistischen Führung des Landes zu eskalieren drohten, verzichtete die Sowjetunion dagegen auf eine militärische Intervention. Die polnische kommunistische Führung unterdrückte die Unruhen mithilfe des Kriegsrechts und die Nachbarstaaten setzten auf Abschottung: Um ein Überspringen des „polnischen Bazillus“ zu verhindern, schlossen sie die Grenzen.

Die Lage in Polen blieb jedoch labil. Die Regierung bekam die wirtschaftliche und politische Krise des Landes mit repressiven Mitteln nicht in den Griff. Im Jahr 1988 ließ sie sich daher auf einen Dialog mit der oppositionellen Gewerkschaft Solidarność ein. Die Gespräche mündeten in die Einrichtung eines „Runden Tisches", an dem Vertreter der Kommunistischen Partei und der gesellschaftlichen Opposition zwischen Februar und April 1989 über Reformen verhandelten. Damit wurde ein Demokratisierungsprozess angestoßen, der im August mit der Bildung einer von der Solidarność geführten Koalitionsregierung und der Wahl Tadeusz Mazowieckis zum ersten nichtkommunistischen Ministerpräsidenten der Volksrepublik einen ersten Höhepunkt erreichte.

In Ungarn ging der Umgestaltungsprozess von oben, von der kommunistischen Führung aus. Hier kamen nach dem Rücktritt des langjährigen Vorsitzenden János Kádár im Mai 1988 reformorientierte Kräfte an die Macht. Im Januar 1989 verzichtete die Ungarische Sozialistische Partei auf die ihr verfassungsgemäß zustehende Führungsrolle, ein gutes Jahr später wurden die ersten demokratischen Wahlen seit 1945 abgehalten. Für die Entwicklung in der DDR war indes ein anderes Ereignis von entscheidender Bedeutung: Im Mai 1989 begann die ungarische Regierung mit dem Abbau der Grenzanlagen zu Österreich, wenige Monate später wurde die Grenze ganz geöffnet. Dies ermöglichte zahlreichen in Ungarn urlaubenden DDR-Bürgern die Flucht in den Westen.

Die Entwicklungen in Polen und Ungarn zeigten oppositionellen Kräften in der DDR, dass demokratische Veränderungen innerhalb des sowjetischen Herrschaftsbereichs möglich waren. Einzelne Elemente dienten im Verlauf der friedlichen Revolution in der DDR auch als konkretes Vorbild, so wurde das Format des „Runden Tisches" von Polen übernommen. Doch ließen sich die Demokratisierungsprozesse in den Bruderstaaten nicht so ohne weiteres auf die Verhältnisse in Ostdeutschland übertragen. In der ersten Jahreshälfte 1989 fehlte der Opposition in der DDR die breite gesellschaftliche Basis, die sie in Ungarn und in Polen besaß. Die wichtigste Erkenntnis war sicherlich, dass die Sowjetunion die Reformbestrebungen in den beiden Ostblockstaaten nicht durch militärisches Eingreifen unterband.

Eine gewaltsame Unterdrückung oppositioneller Aktivitäten in der DDR war damit indes keineswegs ausgeschlossen. In den anderen Staaten des

Ostblocks wie Bulgarien, Rumänien oder der ČSSR deutete nichts darauf hin, dass man dort demokratische Entwicklungen zulassen würde. Von ungleich größerer Bedeutung war in diesem Zusammenhang das Massaker auf dem Platz des Himmlischen Friedens in Peking im Juni 1989. Die kommunistische Führung Chinas ließ dort und in anderen Städten des Landes friedliche Demonstrationen mit Panzern niederschlagen. Die Bilder dieses brutalen Aktes gingen um die Welt. Das Neue Deutschland, Zentralorgan der SED, rechtfertigte das Vorgehen der chinesischen Genossen als Niederschlagung einer „Konterrevolution“ und auch die Volkskammer verabschiedete eine entsprechende Resolution. Von der Opposition wurde dies als Warnung verstanden, dass auch in der DDR Proteste gewaltsam niedergeschlagen werden konnten – das Gespenst von der „chinesischen Lösung“ ging um.

Literaturtipp | Einschlägig für die Entwicklungen in Osteuropa ist der von Bernd Florath herausgegebene Sammelband *Das Revolutionsjahr 1989. Die demokratische Revolution in Osteuropa als transnationale Zäsur*, Göttingen 2011.

Waren die Ergebnisse der Kommunalwahlen in der DDR gefälscht?

Obwohl in der DDR keine demokratischen Verhältnisse herrschten, ließ die SED ihre Macht in regelmäßigen Abständen durch Wahlen legitimieren. Dabei wurden den Wählern sogenannte Einheitslisten vorgelegt, auf denen die Verteilung der Mandate bereits festgelegt war. Eine echte Wahlmöglichkeit zwischen verschiedenen Parteien oder Kandidaten hatten die Bürger daher nicht, sie konnten lediglich der Liste als Ganzes zustimmen oder sie ablehnen. Für eine Ablehnung musste jeder einzelne Name auf der Vorschlagsliste durchgestrichen werden – ein Akt, den öffentlich zu vollziehen kaum jemand wagte. Zwar standen für die Stimmabgabe Wahlkabinen bereit, doch machten sich Bürger, die sie aufsuchten, bereits verdächtig – ihre Namen wurden notiert. Gleiches galt für diejenigen, die sich der Wahl gänzlich entziehen wollten. Sie mussten damit rechnen, in ihrer Wohnung aufgesucht und zur Teilnahme an der Wahl aufgefordert zu werden. Um sich Probleme zu ersparen, wirkten bei dieser Farce, die auch als „Zettelfalten“ bespöttelt wurde, die meisten DDR-Bürger mit. Auf diese Weise wurden regelmäßig Zustimmungsraten von etwa 99,9 Prozent bei ähnlich hoher Wahlbeteiligung erreicht.

Im Mai 1989 standen in der DDR Wahlen zu den kommunalen Volksvertretungen an. Während es bei der Wahl zum Obersten Volkskongress in der Sowjetunion wenige Wochen zuvor die Möglichkeit gegeben hatte, zwischen verschiedenen Kandidaten auszuwählen, und KPdSU-Chef Michail Gorbatschow demonstrativ die Wahlkabine benutzte, sollte sich in der DDR an dem üblichen Ritual auch diesmal nichts ändern. Nachdem verschiedene Oppositionsgruppen sich im Vorfeld vergeblich bemüht hatten, eigene Kandidaten auf die Einheitslisten zu setzen, riefen sie zum Boykott der Wahlen auf. Zudem beschlossen sie, das Wahlergebnis zu kontrollieren, denn jeder DDR-Bürger hatte das Recht, der Stimmauszählung beizuwohnen. In zahlreichen Wahllokalen notierten Beobachter, darunter auch solche, die nicht zu den engeren Reihen der Opposition zählten, die Auszählungsergebnisse der örtlichen Wahlvorstände.

Die offizielle Verkündung der Wahlergebnisse ergab eine Zustimmung von 98,85 Prozent zur Einheitsliste. Schon dies stellte das schlechteste Ergebnis in der Geschichte der DDR dar und bedeutete eine Verzehnfachung der Gegenstimmen gegenüber den Kommunalwahlen von 1984. Trotzdem sprach der Leiter der Zentralen Wahlkommission, Politbüromitglied → Egon Krenz, von einem „eindrucksvollen Votum“ für die Fortsetzung der Politik der SED. Die unabhängigen Wahlbeobachter kamen allerdings zu anderen Ergebnissen: In zahlreichen Wahlkreisen stellten sie erhebliche Abweichungen zu den veröffentlichten Zahlen fest. Oppositionsgruppen machten diese Diskrepanzen auf Flugblättern bekannt und organisierten jeweils am 7. der folgenden Monate Protestaktionen. Es gingen zahlreiche Beschwerden bei der Wahlkommission und der SED ein, manche Bürger stellten sogar Strafanzeige.

Der Nachweis der Wahlfälschung und seine Publikmachung war für die Bürgerrechtsbewegung ein Aufbruchssignal. Sie zeigte, dass ein überregionales Zusammenwirken von Oppositionsgruppen möglich war. Zudem hatte sich die SED-Führung nun auch in systemloyalen und politisch indifferenten Bevölkerungskreisen diskreditiert. Das Stigma des Wahlbetrugs wurde sie bis zum Ende ihrer Herrschaft nicht mehr los. Auf eine strafrechtliche Verfolgung der Verantwortlichen mussten die DDR-Bürger allerdings bis nach der Wiedervereinigung warten. Erst dann wurden mehrere SED-Funktionäre zu Geld- und Bewährungsstrafen verurteilt.

Wann wurde der Eiserne Vorhang geöffnet?

Am 27. Juni 1989 durchtrennten der ungarische Außenminister Gyula Horn und sein österreichischer Amtskollege Alois Mock gemeinsam den Grenzzaun zwischen den beiden Staaten. Das Foto der beiden Politiker mit den Bolzenschneidern in der Hand ging um die Welt. Bis heute steht es sinnbildlich für die Öffnung des Eisernen Vorhangs, der Europa vierzig Jahre lang geteilt hatte. Tatsächlich hatte die ungarische Regierung bereits am 2. Mai 1989 mit dem Abbau der Grenzanlagen zu Österreich begonnen.

Ungarn war seit jeher ein beliebtes Reiseziel für DDR-Bürger gewesen. Doch bedeuteten weder der 2. Mai noch der 27. Juni, dass den Ostdeutschen via Ungarn nun der Weg in den Westen offenstehen würde. Denn der Abbau der Grenzanlagen bedeutete keinesfalls das Ende von Grenzkontrollen zwischen dem ungarischen „Bruderstaat" und Österreich. Auch wurden DDR-Bürger, die bei einem Fluchtversuch an der Grenze aufgegriffen wurden, nach wie vor in die DDR zurückgeschickt, wo auf sie Strafverfahren wegen „ungesetzlichen Grenzübertritts" warteten. Selbst nach dem Beitritt zur Genfer Flüchtlingskonvention am 12. Juni, mit dem sich Ungarn dazu verpflichtete, Flüchtlinge nicht mehr an Herkunftsländer auszuliefern, in denen ihnen strafrechtliche Verfolgung drohte, änderte sich an dieser Praxis zunächst nichts. Dennoch entfaltete der symbolträchtige Akt der Durchtrennung des Grenzzauns eine Signalwirkung für ganz Europa: Ein Zurück konnte es von nun an nicht mehr geben.

In der DDR stiegen die Anträge auf eine Reisegenehmigung nach Ungarn bis Ende Juli um ein Viertel. Nicht wenige Antragsteller hofften, über ihr Reiseziel die DDR ganz verlassen zu können. Tatsächlich überquerte im Sommer eine zunehmende Zahl von DDR-Bürgern den – wenn auch nicht offenen, so doch porös gewordenen – Eisernen Vorhang. Rund 30.000 waren es zwischen Juni und August.

Den nächsten wichtigen Einschnitt in diesem Prozess markiert das Paneuropäische Picknick, das am 19. August bei der ungarischen Grenzstadt Sopron stattfand – unweit der Stelle, an der wenige Wochen zuvor die symbolische Durchtrennung des Grenzzauns inszeniert worden war. Bei der von Initiativen aus Ost und West gemeinsam veranstalteten Friedensdemonstration wurde symbolisch für drei Stunden die ungarisch-österreichische Grenze geöffnet. Dies sollte auch als Test dafür dienen, ob die Sowjetunion in einem solchen Falle eingreifen würde. Durch deutschsprachige Flugblätter wurden auch zahlreiche DDR-Urlauber auf die Aktion aufmerksam. Zwischen 600 und 700 von ihnen nutzten die Gelegenheit zur Flucht nach Österreich, die ungarischen Grenzsoldaten griffen nicht ein. Auf der österreichischen Seite wartete ein Fernsehteam auf die Ankommenden, wodurch die Massenflucht rasch bekannt wurde.

Auch das Picknick bedeutete jedoch keine dauerhafte Grenzöffnung, im Gegenteil, in den darauffolgenden Tagen wurden die Grenzkontrollen wieder verschärft. Doch entfalteten die Fernsehbilder eine Sogwirkung: Immer mehr Ostdeutsche machten sich nach Ungarn auf, in der Hoffnung, hier die Grenze zum Westen überwinden zu können. Ende August hielten sich dort rund 150.000 DDR-Bürger auf, geschätzt 10.000 von ihnen wollten in den Westen. Angesichts zunehmend überfüllter Flüchtlingslager, am Straßenrand campierender Flüchtlinge und über 100 DDR-Bürgern, die sich auf dem Gelände der bundesdeutschen Botschaft in Budapest aufhielten, um ihre Ausreise zu erreichen, stand die ungarische Regierung unter Handlungsdruck. Nach Rücksprache mit der Bundesregierung beschloss Ungarns Ministerpräsident Miklos Németh, die Grenze zu Österreich am 11. September endgültig zu öffnen: Der Eiserne Vorhang war gefallen. Bis Ende des Monats flüchteten weitere 34.000 DDR-Bürger in den Westen.

Filmtipp | Über das Paneuropäische Picknick hat der ungarische Regisseur Péter Szalay im Jahr 2020 den sehenswerten Dokumentarfilm *Nincs prancs!* (Kein Befehl!) veröffentlicht.

Was verkündete der Außenminister der Bundesrepublik am 30. September 1989 in der Prager Botschaft?

Am 30. September 1989 trat gegen 19 Uhr der Außenminister der Bundesrepublik Deutschland, Hans-Dietrich Genscher, auf den Balkon der Prager Botschaft und verkündete: „Liebe Landsleute, wir sind zu Ihnen gekommen, um Ihnen mitzuteilen, dass heute Ihre Ausreise ..." – der Rest des Satzes ging im lautstarken Jubel tausender DDR-Flüchtlinge unter, die auf dem Botschaftsgelände Zuflucht gesucht hatten. Ihnen war klar, dass Genschers Auftritt nur bedeuten konnte, dass sie nach tagelangem Ausharren auf engstem Raum endlich in die Bundesrepublik ausreisen durften.

Aber weshalb besetzten die Menschen die Botschaften in Prag und anderswo? Und wie kam es dazu, dass sie auf diesem Weg die DDR verlassen konnten? Am 13. Juli hatte die ungarische Regierung die bisherige Praxis, an der Grenze aufgegriffene Fluchtwillige an die DDR zu übergeben, beendet. Sie wurden lediglich ins Landesinnere verbracht. Die gescheiterten Flüchtlinge wollten nicht in ihre Heimat zurückkehren, da die SED ihnen zwar Straffreiheit zusicherte, nicht aber die Gewährung der Ausreise. Sie verblieben in Ungarn und einige von ihnen suchten in der bundesdeutschen Botschaft in Budapest Zuflucht. Als die Zahl der dort untergekommenen DDR-Flüchtlinge am 13. August 1989 die 100 überschritt, schloss die Botschaft ihre Tore. Zehn Tage später gewährte die ungarische Regierung diesen Menschen die Ausreise mithilfe von durch das Internationale Komitee des Roten Kreuzes ausgestellten Papieren.

Auch in Prag hielten sich immer mehr DDR-Bürger in der Botschaft der Bundesrepublik auf; hier wurden die Pforten am 22. August geschlossen. Da die tschechoslowakische Regierung die Menschen nicht ausreisen lassen wollte, spitzte sich die Situation hier – wie später auch in der Warschauer Botschaft – im Laufe des Septembers zu: Zäune wurden überklettert und am 26. September hielten sich bereits über 1.000 DDR-Flüchtlinge auf dem Botschaftsgelände auf. Hintergrund dieser Entwicklung war der Genehmigungsstopp der DDR-Führung für Reisen nach Ungarn. Zugleich verstärkte die ČSSR ihre Kontrollen an der Grenze zum südlichen Nachbarn. Ende September drängten sich über 4.000 Ausreisewillige unter zunehmend schwierigen hygienischen Bedingungen auf dem Gelände der diplomatischen Vertretung.

Nicht zuletzt, um diese unschönen Bilder im Vorfeld der Feierlichkeiten zum 40. Jahrestag der DDR am 7. Oktober zu vermeiden, entschied Erich

Honecker am 29. September, die Menschen, die sich in den Botschaften aufhielten, in die Bundesrepublik ausreisen zu lassen. Dies war die frohe Botschaft, die Genscher, der gemeinsam mit Kanzleramtsminister Rudolf Seiters angereist war, am Abend des 30. September den Botschaftsflüchtlingen übermittelte. Noch in derselben Nacht brachten Sonderzüge die DDR-Bürger aus Prag und Warschau in die westdeutsche Grenzstadt Helmstedt.

Die Entlassung der Flüchtlinge in die Bundesrepublik sollte eine „einmalige Aktion“ sein, doch die Prager Botschaft füllte sich umgehend erneut und schon wenige Tage später rollten von dort wieder Züge in Richtung Westen. Die SED-Führung hatte darauf bestanden, die Züge über das Territorium der DDR fahren zu lassen. Damit wollte sie zum einen Souveränität suggerieren, zum anderen wollte sie die Ausreisenden identifizieren, indem sie deren Personaldokumente einsammeln ließ. Dieses Vorgehen hatte allerdings Auswirkungen, mit der die Einheitspartei nicht gerechnet hatte. Denn die Nachricht, dass erneut Sonderzüge durch die DDR in die Bundesrepublik fahren würden, verbreitete sich rasch. Da zugleich der pass- und visafreie Reiseverkehr in die ČSSR ausgesetzt worden war und zahlreiche Reisende an der Grenze zurückgewiesen wurden, glaubten viele, ihre letzte Chance zum Verlassen der DDR sei gekommen. Tausende Menschen strömten daher am Abend des 4. Oktober zum Hauptbahnhof in Dresden, in der Hoffnung, dort auf den durchfahrenden Zug aufspringen zu können. Es kam zu schweren Auseinandersetzungen zwischen den Ausreisewilligen, unter die sich weitere Protestierende mischten, und den zum Bahnhof beorderten Sicherheitskräften. Das Ergebnis waren zahlreiche Verletzte, hunderte Festnahmen und ein verwüsteter Bahnhof.

Die Entscheidung der SED-Führung, die Ausreisenden durch die DDR zu leiten, hatte sich als Eigentor erwiesen. Die Flüchtlingskrise wurde damit auf das Territorium der DDR getragen und verband sich mit Protesten, die auf eine Veränderung im Innern zielten. Insgesamt gelangten bis zum 5. Oktober etwa 12.000 bis 14.000 Ausreisewillige mit den Sonderzügen in die Bundesrepublik.

Filmtipp | Zum 25. Jubiläum der Ausreise der Prager Botschaftsflüchtlinge entstand im Auftrag von MDR und arte das Dokudrama *Zug in die Freiheit* von Sebastian Dehnhardt und Matthias Schmidt.

Zitat | „Man sollte ihnen keine Träne nachweinen", Neues Deutschland, 2. Oktober 1989

Die SED-Führung fand kein Rezept gegen die wachsende Flüchtlingswelle. Die Gewährung der Ausreise für tausende Botschaftsflüchtlinge kam einer Kapitulation gleich. Die Hilflosigkeit spiegelte sich auch in der Reaktion der DDR-Medien wider, die die Flüchtlinge als verführte Menschen darstellten, auf die im Westen überfüllte Lager, Arbeitslosigkeit und soziales Elend warteten. Einen Höhepunkt erreichte die Kampagne mit einem Kommentar zu den Prager Botschaftsflüchtlingen im SED-Zentralorgan „Neues Deutschland". Darin wurde der Bundesrepublik vorgeworfen, die Menschen „in die Irre" zu treiben. Die Flüchtlinge hätten ihre Heimat verraten: „Sie alle haben durch ihr Verhalten die moralischen Werte mit Füßen getreten und sich selbst aus unserer Gesellschaft ausgegrenzt. Man sollte ihnen deshalb keine Träne nachweinen." Den letzten Satz hatte Erich Honecker persönlich einfügen lassen. Von der DDR-Bevölkerung wurde der Beitrag bestenfalls als lächerlich, zumeist aber als zynisch empfunden. Die Fluchtbewegung ließ sich auf diese Weise nicht stoppen.

Opposition und Widerstand

Einige Bürgerinnen und Bürger der DDR begannen schon früh, sich in unterschiedlichster Form gegen das SED-Regime aufzulehnen. Wer war in der Opposition, wie organisierte sich der Widerstand und welche Bedeutung hatten die Montagsdemonstrationen? Diese Fragen werden im dritten Kapitel beantwortet.

Woher kamen die Protagonisten der Revolution?

Opposition gegen die SED-Herrschaft hatte es in der DDR zu allen Zeiten gegeben. Kollektiver öffentlicher Protest dagegen war selten. Eine Ausnahme bildete der Volksaufstand vom 17. Juni 1953, der jedoch binnen weniger Tage mithilfe sowjetischer Panzer niedergeschlagen wurde; er forderte über 50 Todesopfer. Das blutige Ende des Aufstands wirkte traumatisch auf Regimegegner und trug dazu bei, dass es in der Folgezeit nur wenige wagten, offen gegen die Diktatur aufzubegehren.

Nichtsdestotrotz engagierten sich weiterhin Menschen gegen Unrecht, Willkür und andere Missstände in der DDR. Dabei ging es jedoch zumeist nicht um einen Umsturz des SED-Staates, sondern um dessen Reformierung. In den 1980er-Jahren nahm die Zahl regimekritischer Initiativen zu und sie wurden öffentlich sichtbarer. Viele der Oppositionsgruppen sammelten sich unter dem Dach der Kirchen, gleichgültig ob sie sich als kirchliche Gruppen verstanden oder nicht. Denn die Kirchen boten als einzige vom Staat unabhängige Institutionen des Landes einen gewissen Schutz.

Zu den Vorreitern oppositioneller Tätigkeit in den 1980er-Jahren zählten Friedensinitiativen. Hintergrund dafür waren die Einführung des obligatorischen Wehrunterrichts im Jahr 1978 sowie die Stationierung von Atomwaffen in Mitteleuropa. In diesem Punkt trafen sich die ostdeutschen Gruppen mit der westdeutschen Friedensbewegung. Viele Friedensgruppen entstanden als kirchliche Initiativen wie der Pankower Friedenskreis oder der Friedenskreis Friedrichsfelde. Als dezidiert nichtkirchliche Gruppen gründeten sich die Frauen für den Frieden, der Jenaer Friedenskreis und im Jahr 1985 die Initiative Frieden und Menschenrechte. Letztere entwickelte sich zu einer der wichtigsten und bekanntesten Oppositionsgruppen. Schon im Namen trug sie eine Weiterung, die für viele Friedensinitiativen im Laufe der Jahre kennzeichnend wurde: Sie engagierten sich auch für Menschenrechte und demokratische Erneuerung.

Zur gleichen Zeit wie die Friedensinitiativen entstanden zahlreiche Umweltgruppen – auch dies eine Parallele zur westdeutschen Entwicklung. Sie wandten sich gegen die rücksichtlose Ausbeutung und Verschmutzung der Natur durch Industrie und Landwirtschaft. Mit der Reaktorkatastrophe in der ukrainischen Stadt Tschernobyl im April 1986 und dem intransparenten Umgang der SED-Führung mit deren Folgen erhielt die Umweltbewegung einen Aufschwung. Im September des Jahres wurde in der Zionsgemeinde in Ostberlin die Umweltbibliothek gegründet, die sich rasch zum zentralen

Anlaufpunkt für Oppositionelle aus unterschiedlichen Regionen der DDR entwickelte. Mit den „Umweltblättern“ gab sie zudem eine der wichtigsten Publikationen für den Informationsaustausch und die Vernetzung der Oppositionsgruppen heraus. Zahlreiche Mitglieder der Friedens- und Umweltgruppen zählten später zu den herausgehobenen Akteuren der friedlichen Revolution, darunter → Bärbel Bohley, Werner Fischer, → Vera Lengsfeld, → Ulrike Poppe, Werner Schulz und viele andere.

Viele Protagonisten der friedlichen Revolution stammten aus dem christlichen Milieu. Einzelne Pfarrer öffneten nicht nur kirchliche Räume für Veranstaltungen von Oppositionellen, sie boten seit den 1970er-Jahren auch unangepassten Jugendlichen mit der „offenen Arbeit“ einen Anlaufpunkt. Andere Pfarrer waren selbst in Friedens- oder Umweltgruppen aktiv; mancherorts verschmolzen kirchliche und oppositionelle Aktivitäten. Zu den herausgehobenen Protagonisten aus den Reihen der evangelischen Kirche zählten der Pfarrer Christian Führer der Leipziger Nikolaikirche, von der im Herbst 1989 die Montagsdemonstrationen ausgingen, sowie → Rainer Eppelmann, der in den 1980er-Jahren in Ostberlin die sogenannten Bluesmessen organisierte. Später gründete er gemeinsam mit seinem Wittenberger Kollegen Friedrich Schorlemmer und anderen den Demokratischen Aufbruch. Zu nennen sind auch Martin Gutzeit und → Markus Meckel, die Initiatoren der Sozialdemokratischen Partei in der DDR (SDP).

Die Akteure der friedlichen Revolution stammten freilich auch aus anderen gesellschaftlichen und Berufsgruppen – unter ihnen fanden sich Künstler, Intellektuelle, Naturwissenschaftler, Ärzte, Krankenpfleger, Erzieher, Arbeiter und viele andere. Viele hatten den Militärdienst verweigert und ihren Wehrdienst als „Bausoldaten“ geleistet. Gemeinsam war den meisten, dass sie sich bereits vor 1989 in oppositionellen Gruppen und Initiativen engagiert hatten.

Linktipp | Die Bundeszentrale für politische Bildung und die Robert Havemann Gesellschaft e. V. betreiben die übersichtliche Website www.jugendopposition.de. Dort finden sich Informationen zu – nicht nur jugendlichem – Widerstand gegen das SED-Regime, eine ausführliche Chronik, Biografien Oppositioneller sowie eine interaktive Karte mit Orten der Opposition und der Repression.

Was war das Neue Forum?

Am 9. und 10. September 1989 kamen in Grünheide bei Berlin 30 Oppositionelle zusammen. Zu dem Treffen, das im früheren Wohnhaus des verstorbenen DDR-Dissidenten Robert Havemann stattfand, hatten die Malerin → Bärbel Bohley, Havemanns Witwe, die Heimerzieherin Katja Havemann, sowie der Rechtsanwalt Rolf Henrich eingeladen. Während Bohley und Havemann seit langem zur oppositionellen Szene gehörten, war Henrich lange Jahre Mitglied der SED gewesen, aber wenige Monate zuvor wegen der Veröffentlichung eines regimekritischen Buches aus der Partei ausgeschlossen worden. Zweck des Treffens war die Gründung eines Neuen Forums als DDR-weite demokratische Plattform für politische Diskussionen.

Dem Treffen waren lange Überlegungen und Vorbereitungen vorausgegangen. Die Initiatoren waren zu der Einsicht gekommen, dass die bestehenden Oppositionsgruppen für eine breite politische Diskussion nicht ausreichten. Sie wollten heraus aus der klandestinen Arbeit und auch unabhängig von kirchlichen Strukturen an die Öffentlichkeit gehen. Daher strebten sie von vornherein nach Legalität und offizieller Anerkennung durch die DDR-Behörden. Programmatisch war das Neue Forum nicht festgelegt, es wollte für unterschiedliche Reformvorstellungen im bestehenden System offenbleiben.

Die Teilnehmer kamen aus unterschiedlichen Regionen der DDR, sie waren in verschiedenen oppositionellen Gruppierungen aktiv und bildeten ein breites Spektrum von Berufsgruppen ab. Alle kamen auf persönliche Einladung der Initiatoren und kannten sich vielfach untereinander nicht. Gemeinsam erarbeiteten sie den Aufruf „Aufbruch 89 – Neues Forum“, den alle 30 Anwesenden unterzeichneten. Der Text begann mit der Diagnose: „In unserem Lande ist die Kommunikation zwischen Staat und Gesellschaft offensichtlich gestört.“ Von diesem Befund ausgehend wollten die Unterzeichner eine „politische Plattform“ für einen „demokratischen Dialog“ schaffen. Die inhaltliche Ausrichtung blieb vage, als gemeinsamer Nenner wurde lediglich der „Wunsch nach Gerechtigkeit, Demokratie, Frieden sowie Schutz und Bewahrung der Natur“ formuliert. Der Begriff „Sozialismus“ kam nicht vor. Unter Berufung auf Art. 29 der Verfassung der DDR („Recht auf Vereinigung“) sollte das Neue Forum offiziell angemeldet werden.

Der Aufruf zur Bildung des Neuen Forums stieß auf eine unerwartet große Resonanz. Innerhalb von zehn Tagen wurden über 1.500 Unterschriften gesammelt, bis Ende September waren es 5.000 und bis Mitte November

200.000. Am 19. September stellten Gründungsmitglieder beim Innenministerium der DDR sowie in der Mehrzahl der Bezirksbehörden Anträge auf Zulassung der Bürgerbewegung. Diese wurden abgelehnt und die Initiative im Neuen Deutschland als „staatsfeindliche Plattform" bezeichnet. Es dauerte bis zum 8. November, bis die Behörden die Gruppierung offiziell anerkannten.

Das Neue Forum war nicht die einzige Gruppierung, die im Spätsommer 1989 einen Aufruf veröffentlichte. Etwa zur gleichen konstituierten sich die Vereinigte Linke um Bernd Gehrke und Thomas Klein, die Bürgerbewegung Demokratie Jetzt um → Ulrike Poppe, Ludwig Mehlhorn und Wolfgang Ullmann sowie der Demokratische Aufbruch, den u. a. die Pfarrer → Rainer Eppelmann, Friedrich Schorlemmer und Ehrhart Neubert initiierten. Alle drei Gruppierungen verfügten über ein konkreteres politisches Programm als das Neue Forum. Doch erzielte letzteres die größte Reichweite: Gerade die inhaltliche Offenheit und der Verzicht auf den Begriff „Sozialismus" sprachen viele DDR-Bürger an. Zur Popularisierung trugen auch die Unterstützungserklärung einer Reihe von bekannten Musikern sowie Interviews der Erstunterzeichner in den Westmedien bei. Die Initiatorin Bärbel Bohley avancierte in dieser Zeit zum „Gesicht der friedlichen Revolution". Die Bedeutung der Bewegung lag in dem großen gesellschaftlichen Mobilisierungseffekt, den sie bewirkte. Dies spiegelte sich auch in der Forderung „Neues Forum zulassen", die zu einer häufigen Parole auf den Demonstrationen im Herbst 1989 wurde.

Literaturtipp | Die frühere DDR-Oppositionelle Irena Kukutz hat auf Basis des Nachlasses der Bürgerbewegung eine ausführliche Darstellung zum Neuen Forum vorgelegt: *Chronik der Bürgerbewegung Neues Forum 1989–1990*, Berlin 2009.

Wer gründete die Sozialdemokratische Partei der DDR?

Im Frühjahr 1989 erarbeiteten die beiden evangelischen Pfarrer Martin Gutzeit und → Markus Meckel den ersten Entwurf für eine „Initiative zur Gründung einer Sozialdemokratischen Partei". Ausgangspunkt des Vorhabens war die Überzeugung, dass über die bisherigen zivilgesellschaftlich und basisdemokratisch orientierten Konzepte der Oppositionsgruppen hinaus gegangen werden müsse. Meckel und Gutzeit stellten das Papier einigen anderen Oppositionellen vor, bei denen das Vorhaben einer Parteigründung jedoch auf Skepsis stieß. Die beiden hielten aber an ihrer Idee fest und formulierten am 24. Juli 1989 einen überarbeiteten „Aufruf zur Bildung einer Initiativgruppe, mit dem Ziel, eine sozialdemokratische Partei in der DDR ins Leben zu rufen“. Ausgehend von einer kritischen Bestandsaufnahme des politischen und gesellschaftlichen Zustands der DDR enthielt der Aufruf konkrete politische Forderungen, die auf eine grundlegende Umgestaltung der Staats- und Gesellschaftsordnung zielten. Dazu gehörten ein Rechtsstaat mit strikter Gewaltenteilung, eine parlamentarische Demokratie, ein ökologisch orientierter Sozialstaat, eine soziale Marktwirtschaft mit betrieblicher Mitbestimmung und Streikrecht sowie Vereinigungs-, Versammlungs- und Pressefreiheit. Mit diesem Programm gingen die Initiatoren weit über die Konzeptionen der anderen Oppositionsgruppen hinaus.

In den folgenden Wochen brachten Meckel und Gutzeit den Aufruf in Umlauf und stellten ihn auf verschiedenen Veranstaltungen vor. Ende August wurde die Initiative auch in den Westmedien bekannt. Um sich von der SPD in der Bundesrepublik zu unterscheiden, die dem Unternehmen skeptisch gegenüberstand, verständigten sich die Initiatoren auf das Kürzel SDP für die Partei. Am 7. Oktober 1989, dem 40. Jahrestag der DDR, traf sich schließlich im Pfarrhaus des kleinen brandenburgischen Orts Schwante eine Gruppe von Männern und Frauen zur Bildung der neuen politischen Kraft. Nach mehrstündiger Beratung standen 38 Unterschriften unter der Gründungsurkunde der Sozialdemokratischen Partei (SDP). Die erste Neugründung einer Partei in der Geschichte der DDR war perfekt. Die Gründungsmitglieder wählten Stephan Hilsberg zum Ersten Sprecher sowie Markus Meckel und Angelika Barbe zu Zweiten Sprechern. Geschäftsführer wurde → Manfred „Ibrahim“ Böhme, der ein halbes Jahr später als inoffizieller Mitarbeiter (IM) des Ministeriums für Staatssicherheit enttarnt wurde.

Die Gründung der SDP stellte das Machtmonopol und das Selbstverständnis der Staatspartei SED in doppelter Weise in Frage: Zum einen war die SDP unter den sich seit dem Sommer bildenden neuen politischen Initiativen die einzige Kraft, die sich – ganz bewusst – als Partei mit fester Mitgliedschaft und verbindlichem Programm verstand. Zum anderen war der Rückgriff auf den Begriff „Sozialdemokratie“ ein besonderer Affront gegen die SED, da diese 1946 aus der Zwangsvereinigung von SPD und KPD in der sowjetischen Besatzungszone hervorgegangen war. Obwohl ehemalige SPD-Mitglieder rasch an den Rand gedrängt wurden, hatte die

Einheitspartei seitdem das sozialdemokratische Erbe stets für sich allein reklamiert. Für eine eigenständige sozialdemokratische Partei bestand in ihren Augen daher in der DDR keine Legitimation. Mit der Gründung der SDP stellten die Initiatoren sich diesem Anspruch entgegen und befreiten die Sozialdemokratie aus der Umklammerung durch die SED.

Linktipp | Ein Online-Dossier mit Texten, Fotos und Videos zur SDP-Gründung findet sich auf der von der Friedrich-Ebert-Stiftung betriebenen Website *Erinnerungsorte der Sozialdemokratie:* https://erinnerungsorte.fes.de/sdp-grundung/.

Was waren die Montagsdemonstrationen?

In der Nikolaikirche im Zentrum der Stadt Leipzig fanden seit 1982 an jedem Montag Friedensgebete statt. Seit Anfang 1988 hatte es im Anschluss an die Andachten wiederholt kleinere Demonstrationen gegeben. Am 4. September 1989 fand das erste Friedensgebet nach sechswöchiger Sommerpause statt. In dieser Zeit hatte sich die Atmosphäre im Land nicht zuletzt durch die beginnende Flüchtlingswelle über Ungarn verändert. Nach der von etwa 1.000 Menschen besuchten Veranstaltung sammelten sich Teilnehmer vor der Kirche, darunter Oppositionelle ebenso wie Ausreiseantragsteller. Es wurden Banner entrollt, darunter ein von den Leipziger Oppositionellen → Katrin Hattenhauer und Gesine Oltmanns gestaltetes mit der Parole „Für ein offenes Land mit freien Menschen". Die Transparente wurden den Menschen von Angehörigen des Staatssicherheitsdienstes umgehend entrissen, zu Verhaftungen kam es aber nicht. Ein kleiner Demonstrationszug von Ausreisewilligen konnte anschließend relativ ungestört zum Hauptbahnhof ziehen. Die Sicherheitskräfte hielten sich auch deshalb zurück, weil sich wegen der zeitgleich stattfindenden Leipziger Messe zahlreiche westliche Journalisten in der Stadt aufhielten. Diese Kundgebung gilt als die Geburtsstunde der Montagsdemonstrationen.

Eine Woche später, am Tag der ungarischen Grenzöffnung, machte Pfarrer Christian Führer während des Friedensgebets die Ausreisebewegung zum Thema. Eine Demonstration wurde durch das Eingreifen von Sicherheitskräften verhindert, die den Platz vor der Kirche, auf dem sich auch unbeteiligte Passanten aufhielten, mit brutalen Methoden räumten.

Es kam zu 89 Festnahmen, knapp die Hälfte der Festgenommenen wurde zu Geld- oder zu mehrmonatigen Haftstrafen verurteilt. Der von der SED erhoffte Einschüchterungseffekt blieb jedoch aus. Stattdessen führten die willkürlichen Verhaftungen zu einer breiten Solidarisierungswelle, die sich in Fürbittandachten auch über Leipzig hinaus niederschlug. Und an den folgenden Montagen fanden im Anschluss an das Friedensgebet erneut Demonstrationen mit rasant wachsender Teilnehmerzahl statt: Am 18. September versammelten sich 3.000 Menschen auf dem Kirchvorplatz, am 25. September kam es zur ersten Massendemonstration mit geschätzt 8.000 Teilnehmern, eine Woche später waren es bereits 10.000.

Mit besonderer Spannung wurde der Abend des 9. Oktober erwartet. Am Wochenende zuvor waren Sicherheitskräfte mit großer Härte gegen Demonstranten in Ostberlin, Dresden und anderen Städten vorgegangen. In der Hauptstadt wurde am 7. Oktober der 40. Jahrestag der DDR mit großem Pomp und zahlreichen Staatsgästen, darunter KPdSU-Chef Michail Gorbatschow, begangen. Am Abend zog ein Demonstrationszug unter „Gorbi, Gorbi"-Rufen zum Palast der Republik, wo der Festakt stattfand. Volkspolizei, Kampfgruppen und Kräfte des Ministeriums für Staatssicherheit gingen mit äußerster Brutalität gegen die Demonstranten vor, es kam zu über 1.000 Festnahmen und zahlreichen Misshandlungen. Vor diesem Hintergrund wurde auch in Leipzig eine Eskalation befürchtet. Manches deutete darauf hin: In der Stadt wurden bewaffnete Einheiten zusammengezogen, Wasserwerfer und Schützenpanzerwagen standen bereit. Wenige Tage zuvor hatte ein Kampfgruppenkommandeur in der Leipziger Volkszeitung gedroht, „konterrevolutionäre Aktionen" notfalls „mit der Waffe in der Hand" zu unterbinden. Die sogenannte „chinesische Lösung", also eine gewaltsame Niederschlagung der Demonstration, stand im Raum. Vor diesem Hintergrund riefen Opposition und Kirchen zur Gewaltlosigkeit auf. Von besonderem Gewicht war ein Appell dreier Leipziger Prominenter, unter ihnen der weit über die Grenzen der DDR hinaus bekannte Dirigent des Leipziger Gewandhausorchesters Kurt Masur, die gemeinsam mit drei Funktionären der SED-Bezirksleitung zur „Besonnenheit" aufriefen. Der Aufruf wurde in Kirchen, über den Rundfunk sowie über die Lautsprechersäulen am Innenstadtring verbreitet. Tatsächlich blieb der Demonstrationszug von geschätzt 70.000 Leipzigern friedlich, Polizei und Kampfgruppen griffen nicht ein. Sie waren schier überwältigt von der unerwartet großen Masse an Demonstranten – und warteten vergeblich auf einen Einsatzbefehl aus Berlin. Erst nach dem Ende der Demonstration segnete → Egon Krenz,

Sekretär für Sicherheitsfragen der SED, telefonisch das Nichteingreifen der Sicherheitskräfte ab.

Der 9. Oktober markiert einen Wendepunkt in der Herbstrevolution. Erstmals hatte die Staatsmacht vor friedlichen Demonstranten kapituliert. An den folgenden Montagen setzten sich die Demonstrationen mit wachsender Teilnehmerzahl fort, teils kamen weit über 100.000 Protestierende. Erst im März 1990, im Umfeld der ersten freien Volkskammerwahlen, kam die Bewegung zum Erliegen. Leipzig war indes nicht die einzige Stadt, in der Menschen auf die Straße gingen; besonders eindrucksvoll war eine Demonstration in der knapp 80.000 Einwohner zählenden Stadt Plauen, wo am 7. Oktober rund 10.000 Menschen auf dem Rathausvorplatz zusammenkamen. Die Leipziger Demonstrationen entfalteten aber eine besondere Wirkung, auch weil die Bilder von den Protestzügen über die Westmedien weite Verbreitung fanden.

Literaturtipp | Der frühere DDR-Korrespondent Peter Wensierski hat die Vorgeschichte der Leipziger Montagsdemonstrationen untersucht: *Die unheimliche Leichtigkeit der Revolution: Wie eine Gruppe junger Leipziger die Rebellion in der DDR wagte*, München 2017.

Wer stürzte Erich Honecker?

Im Jahr 1989 stand Erich Honecker seit fast 20 Jahren unangefochten an der Spitze der DDR. Als Generalsekretär des Zentralkomitees (ZK) der SED sowie als Vorsitzender des Staatsrats und des Nationalen Verteidigungsrats hielt er die entscheidenden Fäden der Macht in der Hand. Außenpolitisch konnte Honecker in seiner Amtszeit beachtliche Erfolge erzielen; die DDR war auf internationalem Parkett weithin anerkannt. Innenpolitisch stagnierte das Land jedoch und wirtschaftlich war es am Ende. Zu Reformen war Honecker weder Willens noch fähig, den Kurs, den Michail Gorbatschow in der Sowjetunion verfolgte, betrachtete er als Gefahr für den Sozialismus und die eigene Macht. Honeckers berühmte Aussage vom Januar 1989, dass die Berliner Mauer „auch in 100 Jahren noch bestehen“ würde, war sinnfälliger Ausdruck dieser starren Haltung.

Als die gesellschaftliche Krise der DDR sich im Spätsommer 1989 zuspitzte, war der Generalsekretär nicht präsent. Wegen einer schweren

Gallenerkrankung zog sich Honecker zwischen Juli und Ende September weitgehend aus der Öffentlichkeit zurück. Er ließ sich durch seinen Vertrauten Günter Mittag, ZK-Sekretär für Wirtschaftsfragen, vertreten. Doch ohne ihren Kopf erwies sich die SED-Führung als kaum handlungsfähig. Der einzige öffentliche Auftritt Honeckers in dieser Zeit erweckte nicht den Anschein, als hätte er die Zeichen der Zeit erkannt: Anlässlich der Präsentation des 32-Bit-Mikroprozessors im Erfurter Mikroelektronik-Kombinat wies er im August das „Triumphgeschrei westlicher Medien über das ‚Scheitern der sozialistischen Gesellschaftskonzeption'" mit den Worten zurück: „Den Sozialismus in seinem Lauf hält weder Ochs noch Esel auf."

Als Honecker am 26. September, von der Krankheit schwer gezeichnet, zurückkehrte, hatte sich die Lage weiter zugespitzt. Ungarn hatte seine Grenze zum Westen geöffnet, und in den bundesdeutschen Botschaften in Warschau und Prag harrten tausende ausreisewillige DDR-Bürger aus. Der Generalsekretär hielt trotzdem unbeirrt an seinem Kurs fest. Die Feier zum 40. Jahrestag der DDR wollte er ungeachtet der sich verschärfenden Gesellschaftskrise wie geplant durchziehen. Es war am Rande dieser Festivitäten, als KPdSU-Chef Gorbatschow ihm den Satz zuraunte, der später in geglätteter Form zum geflügelten Wort wurde: „Wer zu spät kommt, den bestraft das Leben."

Der zunehmende Realitätsverlust Erich Honeckers veranlasste einige seiner Genossen im Politbüro zum Handeln. Auf der Sitzung am Tag nach der Leipziger Massendemonstration legte → Egon Krenz, politischer Ziehsohn Honeckers, ein Papier vor, in dem erstmals eingeräumt wurde, dass die Ursachen für die Fluchtbewegung auch in der Politik der SED lagen. In der am 12. Oktober publizierten Erklärung hieß es außerdem, es lasse die Parteiführung „nicht gleichgültig, wenn sich Menschen, die hier arbeiteten und lebten, von unserer Deutschen Demokratischen Republik losgesagt haben." Dies stand im krassen Widerspruch zur Aussage, man solle den Flüchtlingen „keine Träne nachweinen", die Honecker erst wenige Tage zuvor hatte veröffentlichen lassen.

Erich Honecker verstand die Erklärung – zu Recht – als Kampfansage und schlug umgehend zurück. Er kündigte an, die Unregelmäßigkeiten bei der Kommunalwahl im Mai untersuchen zu lassen, was auf Krenz als Leiter der Wahlkommission zielte. Doch Honecker konnte seinen Sturz nicht mehr verhindern. Krenz hatte sich der Unterstützung mehrerer Politbüromitglieder, darunter Ministerpräsident Willi Stoph und Stasi-Chef Erich Mielke versichert. Gleich zu Beginn der folgenden Sitzung am 17. Oktober stellte

Stoph den Antrag, Honecker von seinen Ämtern zu entbinden. Niemand der Anwesenden stellte sich hinter den Generalsekretär, am Ende der Sitzung beschloss das Politbüro einstimmig die Ablösung Honeckers und seiner engsten Vertrauten Günter Mittag und Joachim Herrmann. Egon Krenz sollte dem ZK als Nachfolger vorgeschlagen werden.

Vor dem ZK wurde der Sturz Honeckers am 18. Oktober als freiwilliger Rücktritt aus gesundheitlichen Gründen inszeniert, Krenz wurde einstimmig zu seinem Nachfolger gewählt. In seiner Antrittsrede verwendete dieser das später berühmt gewordene Wort von der „Wende", die er einzuleiten gedenke, und versprach einen „Dialog mit allen Bürgern unseres Landes". Aufbruchsstimmung vermochte der neue Generalsekretär indes weder in der Bevölkerung noch in seiner eigenen Partei zu wecken. Zu lange schon galt er als „Kronprinz" Honeckers, zu sehr hatte er sich durch die Fälschung der Kommunalwahlen diskreditiert. Vor allem aber verübelten ihm die Menschen, dass er Ende September anlässlich des 40. Geburtstags der Volksrepublik nach China gereist war, was als Solidarisierung mit der blutigen Niederschlagung der Proteste auf dem Platz des Himmlischen Friedens vom Juni betrachtet wurde. Die Quittung erhielt er auf der nächsten Leipziger Montagsdemonstration, auf der Plakate mit Sprüchen wie „Egon ist nicht unser Mann" und „Krenz-enlose Freiheit" hochgehalten wurden.

Zitat | „Wer zu spät kommt, den bestraft das Leben", Michail Gorbatschow, 7. Oktober 1989

Wohl kaum ein Zitat aus der Zeit der friedlichen Revolution ist so sehr zum geflügelten Wort geworden, obwohl es in dieser Formulierung nicht belegt ist. Am 6. und 7. Oktober besuchte Gorbatschow die DDR anlässlich der Feierlichkeiten zum 40. Jahrestag, auf die Erich Honecker trotz der innenpolitischen Krise nicht verzichten wollte. Das Verhältnis der beiden Politiker war gespannt, da der SED-Generalsekretär den Reformkurs Gorbatschows ablehnte. Auf die Frage von Journalisten, ob er die Situation in der DDR für gefährlich halte, antwortete der Sowjetchef: „Ich glaube, Gefahren warten nur auf jene, die nicht auf das Leben reagieren." Am folgenden Tag machte er bei einem Treffen mit der SED-Spitze im Zusammenhang mit notwendigen Reformen in der DDR eine Äußerung, die dem überlieferten Zitat näherkommt: „Ich halte es für wichtig, den Zeitpunkt nicht zu verpassen und keine Chance zu vertun. […] Wenn wir zurückbleiben, bestraft uns das Leben sofort."

Verkürzt wurde daraus jene berühmte Formulierung, die Gorbatschow seinen Memoiren zufolge in einem Vieraugengespräch mit Honecker verwendet haben will. Wie genau er sich tatsächlich ausgedrückt hat, wird nicht mehr zu ermitteln sein, fest steht dagegen, dass er recht behalten sollte: Nur zehn Tage nach Gorbatschows Besuch wurde der reformunwillige Honecker „bestraft" – nicht vom Leben, aber von seinen eigenen Genossen, die ihn am 17. Oktober stürzten.

Wer demonstrierte am 4. November 1989 auf dem Alexanderplatz in Berlin?

Auch mit der Ablösung Erich Honeckers an der Spitze der SED durch → Egon Krenz und dessen Ankündigung einer „Wende" rissen die Proteste in der Bevölkerung nicht ab – im Gegenteil: Die Demonstrationen nahmen an Häufigkeit und Größe zu und hatten inzwischen das ganze Land erfasst. Zur größten Kundgebung kam es am 4. November auf dem Alexanderplatz in Ostberlin. Die Initiative dazu war von Jutta Seidel vom Neuen Forum und Jutta Wachowiak, Schauspielerin am Deutschen Theater, ausgegangen. Die Demonstration war ein Beitrag der Künstler und Intellektuellen zu den Protesten, als offizielle Ausrichter fungierten die Berliner Theater und die Künstlerverbände. Schauspieler und Schriftsteller stellten die Mehrheit der Redner. Die Kundgebung war bei den Behörden angemeldet worden. Es handelte sich damit um die erste offiziell genehmigte Demonstration in der Geschichte der DDR, die nicht von der SED oder den Massenorganisationen ausgerichtet wurde. Die Zahl der Teilnehmer ist bis heute umstritten – die Schätzungen reichen von 200.000 bis zu einer Million.

Die Menschen zogen vormittags vom Gebäude des Allgemeinen Deutschen Nachrichtendienstes (ADN) zum Palast der Republik und von dort weiter zum Alexanderplatz, wo eine knapp dreistündige Kundgebung stattfand. Diese wurde – auch das ein Novum – live im DDR-Fernsehen übertragen. Im Zentrum stand das Eintreten für Artikel 27 und 28 der Verfassung der DDR, die Meinungs-, Presse- und Versammlungsfreiheit garantierten. Die Zusammensetzung der Rednerliste war ungewöhnlich. Neben Künstlern und Intellektuellen fanden sich Vertreter der Bürgerbewegungen ebenso wie ranghohe Repräsentanten des SED-Staates, darunter das Politbüromitglied → Günter Schabowski und der ehemalige Chef der Auslandsaufklärung des

Ministeriums für Staatssicherheit, Markus Wolf. Ähnlich breit war das inhaltliche Spektrum. Die Bürgerrechtlerin → Marianne Birthler erinnerte in bedrückender Anschaulichkeit an die Misshandlungen von Demonstranten durch Sicherheitskräfte – nur wenige Wochen zuvor am selben Ort. Sie forderte, die Opfer zu rehabilitieren und die Verantwortlichen zur Rechenschaft zu ziehen. → Jens Reich vom Neuen Forum hielt ein leidenschaftliches Plädoyer für Zivilcourage und forderte eine freie Wahl, „die diesen Namen verdient."

Auf der anderen Seite des Spektrums bekannten sich Schabowski und Wolf zwar zu Reformen, ohne jedoch konkret zu werden. Sie sahen nach wie vor in der SED die politische Kraft, die die Umgestaltung von Staat und Gesellschaft vorantreiben müsse, und beschworen den Schulterschluss mit KPdSU-Chef Michail Gorbatschow. Ihre Reden wurden von Pfiffen und Buhrufen begleitet. Der Chef der Liberaldemokratischen Partei (LDPD) Manfred Gerlach, der als stellvertretender Staatsratsvorsitzender das System jahrzehntelang mitgetragen hatte, nahm für seine Partei in Anspruch, „die Tür zur Erneuerungspolitik aufgestoßen" zu haben. Gerade vor solchen Versuchen von Partei- und Staatsfunktionären, sich als „Initiatoren und Führer des begonnenen gesellschaftlichen und politischen Reformprozesses" zu inszenieren, hatte der Schauspieler Jan Josef Liefers nur eine Stunde zuvor auf derselben Kundgebung gewarnt.

Die meisten Redner hielten bei aller Kritik der herrschenden Verhältnisse an der Idee des Sozialismus fest. Es ging ihnen um Reformen des bestehenden Systems, nicht um dessen Beseitigung. Die DDR als Staat stand nicht in Frage. Pfarrer Friedrich Schorlemmer forderte sogar Toleranz gegenüber einer „sich wandelnden SED" ein, ohne die sich das Land nicht aufbauen lasse, was ihm Kritik von Seiten anderer Bürgerrechtler einbrachte. Auch der von Krenz eingeführte Begriff der „Wende" erfuhr auf der Kundgebung eine bemerkenswerte Konjunktur: Fast alle Redner führten ihn affirmativ im Munde, auch wenn sie unterschiedliche Inhalte und unterschiedliche Urheber mit ihm verbanden. Einzig die Schriftstellerin → Christa Wolf distanzierte sich von dem Wort und warnte vor „Wendehälsen". Stattdessen wollte sie von „revolutionärer Erneuerung" sprechen. Damit ging sie weiter als die meisten Redner.

Die Demonstration vom 4. November verdeutlichte eindrucksvoll den gesellschaftlichen Aufbruch in der DDR. Sie zeigte aber auch, dass noch nicht klar war, wohin dieser führen würde. Zwischen Reform und Revolution war noch nicht entschieden und die SED war ganz offensichtlich entschlossen, sich an die Spitze der Bewegung zu setzen. Die in der gesamten DDR übertragenen Fernsehbilder sorgten ungeachtet dessen für eine breite Wirkung der Massenkundgebung und verliehen der Aufbruchsstimmung in der Bevölkerung einen neuen Schub.

Linktipp | Eine Fotodokumentation zur Alexanderplatz-Demonstration aus Sicht des Ministeriums für Staatssicherheit findet sich in der Stasi-Mediathek des Bundesarchivs: www.stasi-mediathek.de.

Der Fall der Mauer

Auch heute noch kann man die Überraschung und die unglaubliche Freude der Menschen spüren, wenn man Fernsehbilder vom Fall der Mauer sieht. Dieses historische Ereignis wurde durch eine denkwürdige Pressekonferenz eingeleitet. Die Reaktionen darauf sowie die weiteren Entwicklungen sind ebenso spannend.

Was verkündete Günter Schabowski auf der Pressekonferenz am 9. November 1989?

„Das tritt nach meiner Kenntnis ... ist das sofort, unverzüglich" – das sind die berühmten Worte von SED-Politbüromitglied → Günter Schabowski, die den Mauerfall einleiteten. Schabowski, der in dieser Zeit als Pressesprecher des Zentralkomitees (ZK) der SED fungierte, sprach sie auf einer Pressekonferenz am 9. November 1989 kurz vor 19 Uhr. Doch was hatte Schabowski damit eigentlich verkündet? Und wie kam es überhaupt zu der Situation?

Anfang November stand die DDR-Führung unter dem doppelten Druck von Massendemonstrationen und Fluchtbewegung. Eine der wichtigsten Forderungen der Demonstranten war Reisefreiheit. Daher bereitete die SED-Spitze ein Gesetz vor, das DDR-Bürgern Besuchsreisen ins nichtsozialistische Ausland ermöglichen sollte. Ein erster Entwurf für das Reisegesetz wurde am 6. November im SED-Parteiorgan Neues Deutschland veröffentlicht. Da er eine zeitliche Befristung der Reisen sowie die Möglichkeit der Ablehnung von Anträgen vorsah, stieß der Entwurf in der Bevölkerung auf heftige Kritik. Parallel dazu strömten weiterhin täglich tausende DDR-Bürger in die ČSSR, um über die Prager Botschaft in die Bundesrepublik zu gelangen. Die tschechoslowakische Regierung verlangte von Ostberlin, diese Situation schnellstmöglich zu beenden und ihre Bürger auf direktem Wege in den Westen zu lassen.

Auf der ZK-Tagung am 9. November präsentierte → Egon Krenz deshalb eine „Übergangsregelung". Danach sollten ab dem Folgetag bis zur Verabschiedung eines Reisegesetzes Ausreisen aus der DDR über alle Grenzübergangsstellen erfolgen können. Das ZK-Plenum nickte die Regelung samt Pressemitteilung ab – und Krenz entschied spontan, den Beschluss noch am selben Abend verkünden zu lassen. Um 18 Uhr begann die Pressekonferenz, die zunächst relativ spannungsarm vor sich hinplätscherte. Erst kurz vor Schluss, gegen 19 Uhr, fragte ein italienischer Journalist nach dem Reisegesetz. Schabowski gab daraufhin die Übergangsregelung bekannt und las aus der vorbereiteten Pressemitteilung vor: „Privatreisen nach dem Ausland können ohne Vorliegen von Voraussetzungen [...] beantragt werden. Die Genehmigungen werden kurzfristig erteilt. Die zuständigen Abteilungen Pass- und Meldewesen der [...] Volkspolizeikreisämter in der DDR sind angewiesen, Visa zur ständigen Ausreise unverzüglich zu erteilen [...]. Ständige Ausreisen können über alle Grenzübergangsstellen der DDR zur BRD erfolgen." Auch über die Grenzübergangsstellen innerhalb Berlins sei die Ausreise möglich. Auf die Nachfrage eines Journalisten, wann diese Regelung in Kraft trete, antwortete Schabowski – stockend und in seinen Papieren blätternd: „Das tritt nach meiner Kenntnis ... ist das sofort, unverzüglich ...“ Damit setzte er ungewollt eine Kette von Ereignissen in Gang.

Schon wenige Minuten nach Ende der Pressekonferenz, die live im DDR-Fernsehen übertragen wurde, gingen die ersten Meldungen über den Ticker. Die amerikanische Nachrichtenagentur AP meldete „DDR öffnet Grenzen“, in der Nachrichtensendung „heute“ des ZDF wurden um 19:16 Uhr Ausschnitte aus der Pressekonferenz gezeigt und die ARD-Tagesschau machte um 20 Uhr mit der Meldung „DDR öffnet Grenze“ auf. Dass Schabowski zwar die „kurzfristige Erteilung“ von Genehmigungen zur Ausreise angekündigt, zugleich aber auf die Zuständigkeit der Volkspolizeikreisämter verwiesen hatte, ging dabei unter.

Bereits kurz nach 19 Uhr trafen die ersten Menschen am Grenzübergang Bornholmer Straße zwischen den Bezirken Prenzlauer Berg (Ostberlin) und Wedding (Westberlin) ein. An den Schaltern der Deutschen Reichsbahn in Leipzig und im thüringischen Altenburg verlangten Kunden nach Fahrscheinen in die Bundesrepublik. Da die Übergangsregelung eigentlich erst am Folgetag, dem 10. November, in Kraft hätte treten sollen, waren die Grenzkontrolleure und die Mitarbeiter der Staatssicherheit nicht informiert – es herrschte Konfusion. Um 21 Uhr ließen sie an der Bornholmer Straße die ersten Ostberliner passieren. Dies ging zunächst geordnet, unter Vorlage und Abstempelung der Personalausweise vor sich. Unter dem Druck der Massen öffneten die Grenzer dann um 23:30 Uhr den Schlagbaum, so dass die Menschen nach Westberlin strömten. Bis Mitternacht folgten die anderen Berliner Grenzübergänge diesem Beispiel – die Mauer war gefallen.

Literatur- und Linktipp | Der Historiker Hans-Hermann Hertle hat anhand von Dokumenten und Gesprächen mit zahlreichen Zeitzeugen und Politikern eine minutiöse Rekonstruktion der Ereignisse vom 9. November 1989 vorgenommen. Die in zahlreichen Auflagen erschienene, spannend zu lesende Studie ist kürzlich in einer Neuausgabe erschienen: *Sofort, unverzüglich. Die Chronik des Mauerfalls*, Berlin 2019.
Die entscheidenden Ausschnitte aus der Pressekonferenz lassen sich bei Eingabe der Stichworte „Schabowski“ und „Pressekonferenz“ leicht auf YouTube finden.

Was waren die unmittelbaren Reaktionen auf den Mauerfall?

Die Bilder der Nacht vom 9. auf den 10. November gingen um die Welt: Menschenmassen an den Grenzübergängen, lange Schlangen von Trabis, wildfremde Menschen, die sich um den Hals fielen, die tanzende Menge auf der Mauer am Brandenburger Tor. Die ganze Nacht hindurch wurde auf dem Kurfürstendamm gefeiert. „Wahnsinn" war das Wort der Stunde. Doch nicht nur die Bürger Berlins waren vom Gang der Ereignisse völlig überrascht, sondern auch die Politiker in Ost und West.

An der SED-Spitze herrschten Verwirrung und Ratlosigkeit. Die Parteiführung zeigte sich unfähig, mit der Situation umzugehen, das Zentralkomitee (ZK) setzte seine Tagung am Morgen des 10. November zunächst ohne Bezugnahme auf den Mauerfall fort. Stattdessen berichtete Gerhard Schürer, Chef der Staatlichen Plankommission, schonungslos über die katastrophale Wirtschaftslage der DDR und löste damit bei den Anwesenden Entsetzen aus. Erst gegen Mittag wurde die Sitzung abgebrochen, damit sich die Genossen mit der aktuellen Lage befassen konnten. Die Überlegung, die Grenze unter Einsatz von Gewalt wieder zu schließen, wurde verworfen. Dazu hätte es ohnehin der Zustimmung Moskaus bedurft. Dort aber zeigte man sich zwar höchst irritiert über die eigenmächtige Grenzöffnung, doch auch hier standen die Zeichen auf Deeskalation. Ein militärisches Eingreifen stand nicht zur Debatte.

Der Bundestag in Bonn diskutierte am Abend des 9. November gerade über ein Vereinsförderungsgesetz. Als die ersten Informationen über → Schabowskis Aussagen auf der Pressekonferenz den Plenarsaal erreichten, wurde die Debatte unterbrochen. Es folgte eine emotional geprägte Aussprache über die Vorgänge in der DDR, an deren Ende sich die Abgeordneten spontan erhoben und die Nationalhymne anstimmten. Bundeskanzler Helmut Kohl erreichte die Nachricht während eines Staatsbesuchs in Polen per Telefon. „Das gibt's doch nicht. [...] Das ist ja unfassbar!" war seine erste Reaktion.

Am nächsten Tag reiste Kohl gemeinsam mit Außenminister Hans-Dietrich Genscher nach Berlin. Zusammen mit Altkanzler Willy Brandt und dem Regierenden Bürgermeister von Berlin, Walter Momper, traten sie auf einer Kundgebung am Schöneberger Rathaus auf. Vor über 20.000 Menschen sprach Momper von den Deutschen als dem „glücklichsten Volk der Welt". Brandt sagte, „dass die Teile Europas wieder zusammenwachsen." Kohl rief, von Gorbatschow zur Zurückhaltung gemahnt, zur Besonnenheit auf und schloss mit den Worten: „Es lebe ein freies deutsches Vaterland! Es lebe ein freies, einiges Europa!" Überschattet wurde seine Rede von einem Pfeifkonzert linker Demonstranten, das einen merkwürdigen Kontrast zu den ansonsten euphorischen Bildern aus Berlin bildete.

Zitat | „Jetzt wächst zusammen, was zusammengehört", Willy Brandt, 10. November 1989

Für den langjährigen SPD-Vorsitzenden Willy Brandt war der Fall Mauer ein besonders bewegender Moment. Als Regierender Bürgermeister von Berlin hatte er den Mauerbau hautnah miterlebt und als Bundeskanzler maßgeblich zur innerdeutschen Annäherung beigetragen. Am 10. November trat er vor dem Schöneberger Rathaus in Westberlin auf, sprach hier jedoch davon, „dass die Teile *Europas* wieder zusammenwachsen." Das bekanntere Zitat stammt aus einem kurz zuvor geführten Interview. Brandt sagte einem Reporter: „Ich habe hier oft gestanden, vor allen Dingen am 16. August 1961 [...], da haben wir unseren Zorn, unsere Ohnmacht hinausgeschrien. Jetzt sind wir in einer Situation, in der wieder zusammenwächst, was zusammengehört." Das Zitat fand zunächst nur wenig Beachtung, Bekanntheit erlangte es erst als Motto des SPD-Parteitags im Dezember. Da viele Parteimitglieder, allen voran Kanzlerkandidat Oskar Lafontaine, mit der Wiedervereinigung fremdelten, war Brandts klare Haltung, wie sie in dem Zitat zum Ausdruck kam, für die SPD von großer Bedeutung.

Zur Geschichte des Zitats siehe: Bernd Rother: „Jetzt wächst zusammen, was zusammengehört" – Oder: Warum Historiker Rundfunkarchive nutzen sollten, in: Timothy Garton Ash: Wächst zusammen, was zusammengehört? Deutschland und Europa zehn Jahre nach dem Fall der Mauer. Vortrag im Rathaus Schöneberg zu Berlin, 5. November 1999, Berlin 2001 (Schriftenreihe der Bundeskanzler-Willy-Brandt-Stiftung, Heft 8), S. 25–29.

Auch an der innerdeutschen Grenze gingen ab dem späten Abend des 9. November nach und nach die Schlagbäume hoch. Den Anfang machte der Übergang Selmsdorf/Lübeck-Schlutup gegen 22 Uhr, weitere folgten noch in derselben Nacht. Am folgenden Wochenende machten sich rund eine Million Ostdeutsche auf den Weg in Richtung Bundesrepublik. Größer aber war der Ansturm auf Westberlin. In den Ostberliner Betrieben kam die Arbeit am Tag nach dem Mauerfall, einem Freitag, praktisch zum Erliegen. Zu Hunderttausenden strömten die Menschen in den Westteil der Stadt. Auch aus Brandenburg gelangten DDR-Bürger nach Westberlin.

Gänzlich unvorbereitet war der Westberliner Senat auf diesen Zustrom nicht. Seit Ende Oktober stand Walter Momper über das geplante Reisegesetz mit Ostberlin im Austausch. Ihm war klar, dass ein solches Gesetz für Westberlin ein erhebliches Aufkommen von Besuchern aus der DDR bedeuten würde. Daher bildete er eine „Projektgruppe Reiseverkehr", die die notwendigen Vorkehrungen treffen sollte. Dabei ging es vor allem um die Erhöhung der Kapazitäten im öffentlichen Nahverkehr, die Ausgabe des Begrüßungsgeldes und um die Bereitstellung von Unterkünften.

Der Senat ging allerdings davon aus, dass die Grenzöffnung sich erst später und einigermaßen geordnet vollziehen würde. Auch rechneten die Verantwortlichen lediglich mit etwa 300.000 Besuchern. Tatsächlich kamen aber bereits am ersten Wochenende über 2 Millionen DDR-Bürger in die Halbstadt. Die Folge waren überfüllte U-Bahnen, verstopfte Straßen und lange Schlangen vor den Bankschaltern, an denen die DDR-Bürger auf die Ausgabe des Begrüßungsgeldes – 100 DM pro Kopf – warteten. Trotz dieser zum Teil chaotischen Szenen blieb die Stimmung weitgehend positiv. Es wurde improvisiert: Die Verkehrsbetriebe mobilisierten zusätzliche Fahrer, Sparkassen und Banken richteten Sonderöffnungszeiten ein, in Sporthallen, Schulen und sogar im Europa-Center wurden provisorische Schlafplätze eingerichtet. Zudem zeigten sich die Westberliner großzügig und hilfsbereit: Kinos und Theater boten freien Eintritt für die Besucher aus dem anderen Teil der Stadt, manche Geschäfte akzeptierten Bezahlung in Ostmark, es gab spontane Einladungen zum Bier oder zum Übernachten. Viele Ostberliner kehrten begeistert von ihrer Stippvisite im Westen zurück.

Linktipp | Anhand einer Zeitleiste informiert die Website *Chronik der Wende* über die Ereignisse in der DDR zwischen Oktober 1989 und März 1990. Klickt man hier den 10. November 1989 an, finden sich Presseberichte, Dokumente, O-Töne und Zeitzeugeninterviews zu den unmittelbaren Reaktionen auf den Mauerfall in Ost und West. www.chronikderwende.de.

Wer initiierte den Aufruf „Für unser Land"?

Während die meisten DDR-Bürger begeistert über die Freiheiten waren, die sie durch den Fall der Berliner Mauer gewonnen hatten, wurde diese Euphorie nicht von allen Bürgerrechtlern geteilt. Viele von ihnen blickten kritisch auf Landsleute, die aus ihrer Sicht den Verlockungen der westlichen Konsumgesellschaft allzu schnell erlegen waren. Vor allem aber sahen sie durch die plötzliche Grenzöffnung ihr Ziel gefährdet, die DDR als eigenständigen Staat zu bewahren und zu reformieren. Nicht wenige Oppositionelle träumten von einem Dritten Weg zwischen Sozialismus und Kapitalismus, freilich zumeist ohne eine konkrete Vorstellung davon, wie ein solches Gesellschaftsmodell ausgestaltet sein sollte. In dieser Vision trafen sie sich mit zahlreichen Künstlern, Intellektuellen und SED-Reformern.

Auf den Demonstrationen hingegen, an denen sich auch nach dem Mauerfall zahlreiche Menschen beteiligten, wurde der Ruf nach der Vereinigung Deutschlands lauter. In dieser Situation veröffentlichte eine Gruppe von Künstlern und Intellektuellen den Aufruf „Für unser Land", in dem die Bewahrung einer eigenständigen DDR als „sozialistische Alternative zur Bundesrepublik" gefordert wurde. Die Idee zu dem Aufruf stammte von Dick Boer, den Pfarrer der niederländischen Gemeinde in der DDR. Auf seine Initiative verfassten Günter Krusche, Generalsuperintendent der Evangelischen Kirche in Ostberlin, Dieter Klein, Professor für politische Ökonomie an der Humboldt-Universität, sowie der Dokumentarfilmer Konrad Weiß von der Bürgerbewegung „Demokratie Jetzt" jeweils einen Entwurf für den Aufruf. Boer hatte damit je einen Vertreter der Kirche, des SED-Reformflügels und der Opposition zusammengebracht. Die diskutierten Entwürfe wurden von der Schriftstellerin → Christa Wolf in eine Endfassung gebracht, die am 28. November 1989 auf einer Pressekonferenz in Berlin vorgestellt und am Folgetag im Neuen Deutschland veröffentlicht wurde.

Der von Wolfs Schriftstellerkollegen Stefan Heym verlesene Text warnte angesichts der „tiefen Krise", in der das Land stecke, vor dem „Ausverkauf unserer materiellen und moralischen Werte" und der Vereinnahmung Ostdeutschlands durch die Bundesrepublik. Er rief dazu auf, die Eigenständigkeit der DDR zu bewahren und in ihr eine „sozialistische Alternative zur Bundesrepublik" zu entwickeln, die sich auf „antifaschistische und humanistische Ideale" zurückbesinne und Frieden, Freiheit und soziale Gerechtigkeit gewährleiste. Unter den 31 Erstunterzeichnern fanden sich neben den Initiatoren Bürgerrechtler wie → Ulrike Poppe und Sebastian

Pflugbeil, Künstler wie die Sängerin Tamara Danz und der Schriftsteller Volker Braun sowie SED-Reformer wie der Militärhistoriker Reinhard Brühl und der Dresdner Oberbürgermeister Wolfgang Berghofer. Das Spektrum der Beteiligten erinnerte an die Zusammensetzung der Redner auf der Großdemonstration auf dem Berliner Alexanderplatz vom 4. November, wo ebenfalls Oppositionelle, Künstler, Intellektuelle und SED-Funktionäre vertreten waren.

Der Aufruf stieß auf ein großes, aber geteiltes Echo. Innerhalb von zwei Wochen wurden 200.000 Unterschriften gesammelt. Zustimmung kam auch von einigen westdeutschen Intellektuellen, die der Wiedervereinigung kritisch gegenüberstanden, unter ihnen der Schriftsteller Günter Grass und der Journalist Günter Wallraff. Teile der DDR-Bürgerbewegung übten indes scharfe Kritik. Der Text sei alten Sprach- und Denkmustern verhaftet und bediene überkommene Feindbilder der kommunistischen Propaganda. Auch stießen sich viele am Bekenntnis zum Sozialismus. Bestätigt fühlten sich die Kritiker, als sich schon einen Tag nach Veröffentlichung prominente Führungskader der SED, darunter die Politbüromitglieder → Egon Krenz und → Günter Schabowski, dem Aufruf anschlossen. Auch der Chef des in Amt für Nationale Sicherheit umbenannten Staatssicherheitsdienstes, Wolfgang Schwanitz, bekundete, seine Mitarbeiter würden sich „einhellig" hinter den Aufruf stellen.

Obwohl ihn bis Januar 1990 insgesamt mehr als eine Millionen Menschen unterzeichneten, repräsentierte der Aufruf nicht den Mehrheitswillen der Bevölkerung. Die Entwicklungen in der DDR gingen über ihn hinweg und die Aktion verpuffte. Die Fernsehbilder etwa des umjubelten Auftritts von Bundeskanzler Helmut Kohl in Dresden am 19. Dezember entfalteten eine ungleich größere Wirkung. Die Zeichen standen auf Wiedervereinigung, die die große Mehrheit der DDR-Bürger inzwischen befürwortete. Der Aufruf „Für unser Land" blieb letztlich Ausdruck der Sehnsucht eines Teils der Oppositionsbewegung nach einem demokratischen und humanen Sozialismus, der sich unter den gegebenen Umständen jedoch nicht verwirklichen ließ.

Linktipp | Der volle Wortlaut des Aufrufs „Für unser Land" sowie eine Liste der Erstunterzeichner finden sich auf der Website *Chronik der Mauer* unter dem Datum 28. November 1989: www.chronik-der-mauer.de.

Was beinhaltete das 10-Punkte-Programm von Bundeskanzler Helmut Kohl?

Mit dem Fall der Berliner Mauer war die „Deutsche Frage" plötzlich wieder aktuell geworden. In der DDR tat sich zunehmend ein Machtvakuum auf: Die Erosion der SED-Herrschaft setzte sich beschleunigt fort, die Bürgerbewegung war noch nicht bereit für eine Regierungsübernahme. Zugleich tauchte auf den Demonstrationen immer häufiger die Parole „Deutschland einig Vaterland" auf und auch in der westdeutschen Presse wurde die Wiedervereinigung zum Thema. Bundeskanzler Helmut Kohl hielt sich in dieser Frage zunächst zurück und betonte, die Ostdeutschen müssten über ihre Zukunft selbst entscheiden. Er wollte weder außen- noch innenpolitisch Angriffsflächen bieten. Ein weiterer Grund für seine Zurückhaltung war das Problem, dass für die konkrete Situation, vor der die bundesdeutsche Politik jetzt stand, kein handlungsleitendes Szenario vorlag – obwohl die Offenheit der Deutschen Frage in der Vergangenheit offiziell immer wieder betont worden war.

Am 17. November plädierte der vier Tage zuvor gewählte Ministerpräsident → Hans Modrow (SED) in seiner Regierungserklärung für eine „Vertragsgemeinschaft" zwischen den beiden deutschen Staaten. Verbunden war dies mit einer klaren Absage an eine Wiedervereinigung; die DDR sollte ein souveräner sozialistischer Staat bleiben. Wenige Tage später signalisierte Moskau indes über einen politischen Berater, dass die Sowjetunion prinzipiell über die Frage der Deutschen Einheit zu diskutieren bereit war.

In dieser Situation ergriff Helmut Kohl die deutschlandpolitische Initiative. Am Morgen des 28. November präsentierte er vor dem Deutschen Bundestag ein „10-Punkte-Programm zur schrittweisen Überwindung der Teilung Deutschlands und Europas". Darin entwarf der Bundeskanzler eine Perspektive für eine Annäherung der beiden deutschen Staaten mit dem langfristigen Ziel der deutschen Einheit. Der erste Teil betraf das Verhältnis der beiden deutschen Staaten. Kohl schlug Sofortmaßnahmen in Form von humanitärer Hilfe für die DDR vor, den Ausbau der innerdeutschen Infrastruktur sowie die Gewährung von Wirtschaftshilfe unter der Voraussetzung, dass ein grundlegender Wandel des politischen und wirtschaftlichen Systems in der DDR beschlossen würde. Zudem griff er Modrows Vorschlag zur Bildung einer deutsch-deutschen Vertragsgemeinschaft auf. Davon ausgehend sollten konföderative Strukturen etabliert werden mit dem Ziel, eine bundesstaatliche Ordnung in Deutschland zu schaffen. Voraussetzung dafür sei eine demokratisch gewählte Regierung in der DDR.

Im zweiten Teil ging es um die europäische Dimension. Die Entwicklung der innerdeutschen Verhältnisse sollte in den gesamteuropäischen Prozess und die Weiterentwicklung der Ost-West-Beziehungen eingebettet sein. Die Europäische Gemeinschaft sollte sich gegenüber den reformorientierten Staaten des ehemaligen Ostblocks – einschließlich der DDR – öffnen, Abrüstung und Rüstungskontrolle beschleunigt fortgesetzt werden. Im zehnten Punkt formulierte Kohl schließlich die Wiedergewinnung der staatlichen Einheit Deutschlands in einem freien und geeinten Europa als langfristiges Ziel seiner Regierung.

Kohl hatte das Programm mit seinem engsten Beraterkreis entwickelt, jedoch weder mit der Opposition noch mit dem Koalitionspartner FDP besprochen, worüber insbesondere Außenminister Hans-Dietrich Genscher verstimmt war. Auch die Westmächte waren nicht informiert, lediglich nach Washington wurde der Text geschickt, wo er allerdings mitten in der Nacht einging.

Die politische Öffentlichkeit im In- und Ausland wurde von der Rede völlig überrascht. Die oppositionelle SPD signalisierte zunächst Zustimmung, kritisierte aber, dass Kohl zwei heikle Punkte nicht angesprochen hatte: Die Grenze zu Polen sowie die Frage der Bündniszugehörigkeit eines wiedervereinigten Deutschlands. Von den alliierten Siegermächten äußerten sich nur die USA unterstützend, während der Vorstoß in Großbritannien, Frankreich und vor allem in der Sowjetunion auf Ablehnung stieß.

Mit dem 10-Punkte-Programm landete der Bundeskanzler einen Coup: Zwar hatte er im Grunde nichts verkündet, was über die bisherige Haltung der Bundesregierung in der Deutschlandpolitik hinaus ging, doch hatte er mit einem Schlag die Wiedervereinigung auf die politische Agenda gesetzt und die Meinungsführerschaft zu diesem Thema übernommen.

Linktipp | Informationen zum 10-Punkte-Programm sowie ein Fernsehbericht mit ausführlichen Auszügen aus der Bundestagsdebatte finden sich in der Chronik des Themenportals *Deutsche Einheit* der Bundesregierung: www.bundesregierung.de/breg-de/themen/deutsche-einheit.

Wann wandelte sich der Slogan „Wir sind das Volk“ zu „Wir sind ein Volk“?

Seit September 1989 fanden in Leipzig an jedem Montagabend Demonstrationen gegen die SED-Herrschaft statt. In den folgenden Wochen erhielten die Kundgebungen immer mehr Zulauf und weiteten sich auch auf andere Städte aus. Die Parole „Wir sind das Volk!“ hatte ihren Ursprung in der Leipziger Montagsdemonstration vom 2. Oktober. Die Demonstranten waren in den Wochen zuvor von der lokalen Presse als „Rowdies“, „Randalierer“ und „Chaoten“ verunglimpft worden. Dagegen wehrten sie sich zunächst mit der Parole „Wir sind keine Rowdies!“. Ins Positive gewendet wurde daraus bald der griffigere Slogan „Wir sind das Volk!“.

Im Laufe des Herbsts entwickelte sich „Wir sind das Volk!“ zum bekanntesten und wirkmächtigsten Sprechchor, der auf den Montagsdemonstrationen skandiert wurde. Damit war eine Kampfansage an das SED-Regime verbunden. Die Parole stellte den Herrschaftsanspruch der selbsternannten Partei der Arbeiter und Bauern in Frage, die vorgab, im Interesse des Volkes zu handeln. Die Demonstranten dokumentierten ihren Anspruch auf Selbstbestimmung und Teilhabe an der Macht.

Die Abwandlung der Parole zu „Wir sind *ein* Volk!“ tauchte zum ersten Mal in einem Flugblatt auf, mit denen Oppositionsgruppen in Leipzig am 9. Oktober zur Gewaltfreiheit aufriefen. Der Appell richtete sich sowohl an die Demonstranten als auch an die Sicherheitskräfte. Mit der Formulierung sollte zum Ausdruck gebracht werden, dass auch die Angehörigen der Sicherheitsorgane Teil des Volkes waren und beide Seiten daher nicht gewaltsam gegeneinander vorgehen sollten. Es ging ursprünglich also nicht um die Einheit Deutschlands. Zu einer Parole entwickelte sich das Zitat zunächst ebenfalls nicht.

Zwei Tage nach dem Mauerfall titelte die Bild-Zeitung: „‚Wir sind das Volk‘ rufen sie heute – ‚Wir sind ein Volk‘ rufen sie morgen!“ Damit erreichte die Formulierung eine große Öffentlichkeit, noch bevor sie auf Demonstrationen zu hören war. Dort wurde nach dem 9. November eine andere Parole populär: „Deutschland einig Vaterland“ – ein Zitat aus der Nationalhymne der DDR, deren Text seit Mitte der 1970er-Jahre nicht mehr gesungen wurde, da die Wiedervereinigung kein Ziel der

SED-Politik mehr war. Der Ruf „Wir sind ein Volk!“ war dagegen auf Demonstrationen in Leipzig und anderswo nur vereinzelt zu hören – zumeist im Wechsel mit „Wir sind das Volk!“.

Beide Formulierungen machten deutlich, dass das Thema Wiedervereinigung nicht nur für die Politik, sondern auch für die Menschen in der DDR zunehmend an Bedeutung gewann. Die CDU griff den Slogan „Wir sind ein Volk!“ im November 1989 auf und ließ ihn massenhaft auf Plakate und Aufkleber drucken. Sie setzte ihn auch im Wahlkampf zu den Volkskammerwahlen vom März 1990 ein. Auf den Demonstrationen vom Herbst 1989 ist die Parole „Wir sind ein Volk!“ im Gegensatz zu „Wir sind das Volk!“, „Keine Gewalt!“ und „Deutschland einig Vaterland“ hingegen nie massenwirksam geworden.

Literaturtipp | Der Historiker Hartmut Zwahr hat sich in einem Aufsatz ausführlich mit dem Slogan, seiner Geschichte und seiner Bedeutung als deutscher Erinnerungsort auseinandergesetzt: *„Wir sind das Volk!“*, in: Etienne François/Hagen Schulze (Hg.): *Deutsche Erinnerungsorte*, Bd. II, München 2001, S. 253–268.

Zwischen Mauerfall und Volkskammerwahlen

Der Fall der Mauer beschleunigte den Untergang des SED-Regimes: Eine neue Regierung wurde gebildet, das Politbüro trat zurück und mit dem „Runden Tisch“ wurde erstmals die Opposition an der Macht beteiligt. Mit den freien Volkskammerwahlen hatte sich die Demokratie in der DDR endgültig durchgesetzt.

Was entdeckten Journalisten in der Wohnsiedlung der SED-Funktionäre bei Wandlitz?

Die Schauspielerin Steffie Spira erntete bei der Demonstration auf dem Alexanderplatz am 4. November viel Applaus und Gelächter für ihren Vorschlag, aus Wandlitz ein Altersheim zu machen. Gemeint war die Wohnsiedlung in der Nähe der gleichnamigen Gemeinde nördlich von Berlin, in der seit 1960 die Mitglieder des Politbüros der SED residierten. Sie waren dort aus logistischen und sicherheitstechnischen Erwägungen hingezogen. Die Wohnsiedlung war streng bewacht und für „normale" DDR-Bürger nicht zugänglich. „Wandlitz" stand stellvertretend für die Abgehobenheit der Parteielite und für ihre – vermeintlichen und tatsächlichen – Privilegien. Die Abschottung der Siedlung bot den idealen Nährboden für Gerüchte über die angeblich paradiesischen Zustände hinter ihren Mauern: Gemunkelt wurde über herrschaftliche Anwesen mit goldenen Wasserhähnen und sonstigem Luxus. Vor dem Hintergrund des ideologischen Anspruchs einer egalitären Gesellschaft, den die selbsternannte Partei der Arbeiter und Bauern vertrat, hatten derartige Spekulationen eine besondere Brisanz.

Neben Freiheit und Demokratisierung war auf den Demonstrationen während der Herbstrevolution stets auch die Forderung nach Aufklärung von Amtsmissbrauch und Korruption in den Führungseliten von Partei und Staat laut geworden. Anfang November erschienen in der DDR-Presse die ersten Berichte über ungerechtfertigte Privilegien für Funktionäre. Am 11. November ließ der Generalstaatsanwalt der DDR Günter Wendland im Neuen Deutschland mitteilen, dass seine Behörde zunehmend Eingaben erhielte, in denen „namentlich benannten Personen neben Privilegien persönliche Bereicherung, ungerechtfertigte Vorteilsgewährung oder Vergeudung von Volksvermögen angelastet" würden. Daher schlug er vor, die Volkskammer solle einen Ausschuss zur Untersuchung dieser Vorkommnisse einrichten. Von nun an häuften sich die Berichte über luxuriöse Häuser und Sonderlieferungen von Westprodukten für Funktionäre und ihre Angehörigen. Die Empörung in der Bevölkerung wuchs.

In dieser Atmosphäre startete das Jugendmagazin Elf 99 des DDR-Fernsehens den Versuch, eine Reportage über die sagenumwobene Wohnsiedlung der SED-Elite bei Wandlitz zu drehen. Wurde das Reporterteam beim ersten Mal noch vom Wachpersonal abgewiesen, gelangte es am 23. November zusammen mit Vertretern anderer DDR-Medien zu einem offiziellen Pressetermin auf das Gelände. Die Journalisten wurden in verschiedene

Einrichtungen und Gebäude der Siedlung geführt, darunter das seit mehreren Jahren leerstehende Wohnhaus des ehemaligen Politbüromitglieds Herbert Häber. Dort fanden sie statt außergewöhnlichem Luxus ein eher biederes und tristes Ambiente vor, allerdings bestückt mit Haushaltsgeräten und Armaturen aus westlicher Produktion. Die Kameras zoomten an die Markenschilder heran. Für größere Aufregung sorgte der Besuch der Verkaufsstelle der Waldsiedlung: Dort gab es volle Regale, wohin man sah, und dazu eine breite Auswahl der in der DDR so schwer erhältlichen Südfrüchte. Ein besonderer Coup gelang dem Fernsehteam, als es beim Rundgang auf das gerade erst zurückgetretene Politbüromitglied Kurt Hager traf, der mit seiner Frau einen Spaziergang machte. Der SED-Chefideologe stellte sich den Fragen des Reporters Jan Carpentier. Er verwahrte sich gegen Vorwürfe, in Wandlitz in übertriebenem Luxus zu leben und verglich seinen dortigen Aufenthalt mit dem in einem „Internierungslager", ein Vergleich, der für besondere Empörung sorgte. Abgesehen von dieser zufälligen Begegnung konnten sich die Reporter des Eindrucks einer Inszenierung jedoch nicht erwehren: Bewohnte Häuser bekamen sie nicht zu sehen, und die Leiterin der Verkaufsstelle gab auf Nachfrage zu, dass das Sortiment des Ladens erst kurz zuvor um Westimporte bereinigt worden war.

Der mit „Einzug ins Paradies" betitelte Beitrag von Elf 99 löste ein gewaltiges Echo aus. In der Redaktion ging eine Flut von wütenden Briefen ein. Obwohl das Gezeigte im Grunde wenig spektakulär und Reporter Carpentier um Nüchternheit bemüht war, wirkte die Sendung als Katalysator für die beginnende Debatte um Korruption und Amtsmissbrauch. Die diesbezüglichen Enthüllungen durch die Presse und den Untersuchungsausschuss der Volkskammer trugen erheblich zur Delegitimierung der SED bei. Die Berichte über die Geschäfte des DDR-Devisenbeschaffers Alexander Schalck-Golodkowski Ende November beschleunigten diesen Prozess noch: Am 3. Dezember 1989 traten Politbüro und Zentralkomitee der SED geschlossen zurück. Der Wunsch Steffie Spiras, Wandlitz in ein Altersheim für die zurückgetretene SED-Spitze umzuwandeln, erfüllte sich jedoch nicht. Die Funktionäre zogen bald aus ihren Villen aus und auf dem Gelände wurde ein Rehabilitationszentrum eingerichtet.

Literaturtipp | Eine reich bebilderte Geschichte der Waldsiedlung haben die Historiker Jürgen Danyel und Elke Kimmel vorgelegt: *Waldsiedlung Wandlitz. Eine Landschaft der Macht*, Berlin 2016.

Warum trat das Politbüro der SED im Dezember 1989 zurück?

Die Partei, die die DDR 40 Jahre lang fest im Griff hatte, befand sich im Herbst 1989 im Sinkflug. Ihr Machtanspruch wurde von den Oppositionsgruppen, den Massendemonstrationen und der Fluchtbewegung immer stärker in Frage gestellt. Der Austausch des Spitzenpersonals kam zu spät und zu halbherzig, um der Parteiführung eine neue Legitimation zu verschaffen. → Egon Krenz, der am 18. Oktober als Nachfolger Erich Honeckers Generalsekretär wurde, vermochte keine Hoffnung auf grundlegende Reformen zu wecken. Versuchten SED-Politiker in Betrieben oder auf der Straße mit der Bevölkerung ins Gespräch zu kommen, schlug ihnen oft der geballte Unmut der Menschen entgegen.

Die Machterosion der SED verschärfte sich nach dem 9. November. Tags zuvor waren elf Mitglieder, die meisten über 70 Jahre alt, aus dem Politbüro ausgeschieden, unter ihnen Stasi-Chef Erich Mielke. Egon Krenz und sechs weitere Genossen blieben im Amt, nur drei neue Mitglieder, unter ihnen der spätere Ministerpräsident → Hans Modrow, wurden hinzugewählt. Den Machtverfall und den Ansehensverlust der Partei vermochte dieser Personalaustausch jedoch nicht zu stoppen.

Als im Laufe des Novembers immer mehr Fälle von Amtsmissbrauch, Korruption und Privilegien von SED-Funktionären bekannt wurden, entwickelte sich der Sinkflug der Partei zum freien Fall. Während sich die Führung als zunehmend handlungsunfähig erwies, machten sich an der Basis Auflösungserscheinungen breit: Bis Ende November traten rund 600.000 der Anfang des Jahres noch 2,3 Millionen Mitglieder aus der Partei aus. Zugleich stellten immer mehr Funktionäre auf lokaler und regionaler Ebene ihre Ämter zur Verfügung.

Am 1. Dezember wurde die „führende Rolle" der SED, die die Partei de facto längst verloren hatte, aus der Verfassung der DDR gestrichen. Zwei Tage später kam das Zentralkomitee (ZK) zu seiner letzten Sitzung zusammen. Egon Krenz hatte die Tagung einberufen, in der Hoffnung, durch die Opferung einiger Spitzenfunktionäre und die Einberufung eines Parteitags die innerparteiliche Lage zu beruhigen und seinen eigenen Stuhl zu retten. Doch daraus wurde nichts. Zunächst schlossen die Delegierten Erich Honecker, Erich Mielke, Willi Stoph und einige weitere Altkader aus der Partei aus, schließlich traten Politbüro und ZK geschlossen zurück und beide Gremien wurden abgeschafft. Aus einigen reformorientierten Mitgliedern, darunter die späteren Vorsitzenden → Gregor Gysi und Lothar Bisky, konstituierte sich ein Arbeitsausschuss zur Vorbereitung eines Parteitags. Die SED in ihrer bisherigen Form als zentralistisch organisierte Kaderpartei war damit Geschichte.

Warum wurden Gebäude des Ministeriums für Staatssicherheit besetzt?

Das Ministerium für Staatssicherheit (MfS) – kurz Staatssicherheit oder Stasi genannt – war wohl das gefürchtetste Machtinstrument des SED-Staates. Mit im Jahr 1989 gut 90.000 hauptamtlichen und etwa doppelt so vielen inoffiziellen Mitarbeitern (IM) überwachte es die Bevölkerung, hörte Wohnungen und Telefone ab, bekämpfte die Opposition und verfolgte Andersdenkende. Es überrascht daher nicht, dass die Tätigkeit der Geheimpolizei früh in den Fokus der Proteste geriet. Nicht von ungefähr war die Formel „Stasi in die Produktion“ bei den Demonstrationen auf zahlreichen Plakaten zu lesen. Ab Mitte Oktober zogen Demonstranten an den Kreisdienststellen des MfS vorbei und forderten die Auflösung der Geheimpolizei.

Dennoch arbeitete das MfS im Herbst 1989 zunächst wie gewohnt weiter. Es berichtete über oppositionelle Aktivitäten, die Fluchtbewegung und die Massenproteste. Am 6. November gab Stasi-Chef Erich Mielke die Weisung heraus, brisante Unterlagen zu vernichten. Damit sollten inoffizielle Mitarbeiter geschützt und die umfassende Bespitzelung der Bevölkerung verschleiert werden. Der hilflose Auftritt Mielkes vor der Volkskammer am 13. November, der in dem berühmt gewordenen Satz „Ich liebe doch alle Menschen ...“ gipfelte, beschleunigte den Autoritätsverlust und den inneren Erosionsprozess des Ministeriums. Die Regierung → Modrow reagierte wenige Tage später mit der Umbenennung des MfS in Amt für Nationale Sicherheit (AfNS), dessen Chef Mielkes bisheriger Stellvertreter Wolfgang Schwanitz wurde.

Die Bevölkerung ließ sich von diesem Etikettenwechsel jedoch nicht täuschen. Die Proteste gegen die umbenannte Geheimpolizei setzten sich fort. Anfang Dezember verdichteten sich Gerüchte, das MfS würde brisantes Material gezielt vernichten. Zeugen wollten gesehen haben, wie Akten aus den Kreisdienststellen abgefahren und auf Müllkippen verbrannt wurden, andere berichteten von verkohlten Papierresten, die aus Schornsteinen flogen. In diese Situation platzte am 3. Dezember die Nachricht, dass Alexander Schalck-Golodkowski, Leiter des Bereichs Kommerzielle Koordinierung (KoKo) und zugleich Offizier im besonderen Einsatz (OibE) des MfS, sich über Nacht nach Westberlin abgesetzt hatte. Die beim Ministerium für Außenhandel angesiedelte KoKo war ein weit verzweigtes Netzwerk zur Beschaffung von Devisen und embargogeschützten Waren aus westlichen Staaten. In derselben Nacht entdeckten Bürger in einer Lagerhalle in Kavelstorf bei Rostock ein geheimes Waffenlager der KoKo für den internationalen Handel.

Diese Ereignisse heizten die Stimmung in der Bevölkerung weiter an. Noch am gleichen Tag veröffentlichte das Neue Forum daher einen Aufruf zur Bildung von Kontrollgruppen, um die Verschiebung von Vermögenswerten der SED, die Flucht von Verantwortlichen ins Ausland und vor allem die Vernichtung von Akten der Stasi zu verhindern. Dies war die Initialzündung für die Besetzung von Gebäuden des MfS.

Am Morgen des 4. Dezember blockierte eine Handvoll Bürger die Kreisdienststelle der Staatssicherheit im brandenburgischen Rathenow und kontrollierte Taschen und Fahrzeuge der Mitarbeiter. Fast zur gleichen Zeit wurde in Erfurt die erste Bezirksverwaltung von mehreren hundert Personen besetzt. Weitere Bezirksverwaltungen und Kreisdienststellen folgten. Die Besetzer ließen, zum Teil unter Hinzuziehung von Staatsanwälten und Volkspolizei, die Aktenräume versiegeln und bildeten Bürgerkomitees, um ihre Aktionen abzusichern. Doch gelang es nicht, die Aktivitäten der Stasi vollständig zu unterbinden. Die meisten Bezirksverwaltungen waren Mitte Dezember noch arbeitsfähig und die Vernichtung von Akten wurde vielerorts fortgesetzt.

Parallel zu den Besetzungen wurden die Forderungen nach einer vollständigen Auflösung der Geheimpolizei immer lauter. Am 14. Dezember gab die Regierung Modrow nach und beschloss die Abschaffung des Amtes, wollte es aber durch einen Verfassungsschutz und einen Nachrichtendienst ersetzen. Nicht ohne Grund vermuteten die Bürger dahinter jedoch eine verschleierte Fortsetzung der bisherigen MfS-Tätigkeit, die Proteste gingen weiter.

Die Stasi-Zentrale in Berlin-Lichtenberg war bislang von einer Besetzung verschont geblieben. Am 15. Januar 1990 versammelten sich vor deren Eingang – einem Aufruf des Neuen Forums folgend – etwa 100.000 Menschen. Der Zugang sollte in einer symbolischen Aktion zugemauert werden. Unter bis heute nicht vollständig geklärten Umständen öffneten sich gegen 17 Uhr die Tore von innen. Die Menschen drängten auf das Gelände und in die Gebäude, es kam zu geringfügigen Zerstörungen, die jedoch wenig brisante Bereiche wie den Versorgungstrakt betrafen. Noch in der Nacht konstituierte sich ein Bürgerkomitee. Bereits zwei Tage zuvor hatte der Ministerrat die ersatzlose Abschaffung des AfNS beschlossen. Damit war das Ministerium für Staatssicherheit Geschichte. Die Geheimpolizei der DDR hatte es nicht vermocht, die Revolution aufzuhalten. Nun wurde sie selbst zu ihrem Opfer.

Linktipp | Fotos, Dokumente und Texte zur Besetzung der Stasi-Zentrale und der Bezirksstellen finden sich auf der vom Bürgerkomitee 15. Januar e. V. betriebenen Website https://stasibesetzung.de.

Zitat | „Ich liebe Euch doch alle …", Erich Mielke, 13. November 1989

Erich Mielke, langjähriger Minister für Staatssicherheit, hielt wenige Tage nach seinem Rücktritt zum ersten Mal eine Rede in der Volkskammer. Darin versuchte er, die Arbeit seines Ministeriums zu rechtfertigen. Mehrfach sprach er die Abgeordneten mit „Genossen" an – eine Anrede, die eigentlich nur unter SED-Mitgliedern üblich war. Daraufhin protestierte ein Abgeordneter, es seien nicht nur Genossen anwesend. Mielke reagierte, sichtlich verunsichert, mit den Worten: „Das ist doch eine formale Frage. Ich liebe … ich liebe doch alle, alle Menschen, na, ich liebe doch, ich setze mich doch dafür ein …". Damit sorgte er im Plenum für Gelächter. Seine Worte wurden angesichts der Härte, mit der die Stasi gegen die Bevölkerung der DDR vorgegangen war, als Hohn wahrgenommen. Wie viele historische Zitate ging auch dieser Satz nicht im ursprünglichen Wortlaut, sondern in der leicht abgewandelten Form „Ich liebe euch doch alle …" in die Geschichte ein. Mielkes hilfloser Auftritt demoralisierte die Mitarbeiter seines Ministeriums und beschleunigte dessen Auflösungsprozess.

Wie viel Macht besaß die Regierung von Hans Modrow?

Am 7. November war der Ministerrat unter Willi Stoph geschlossen zurückgetreten. Fünf Tage später wählte die Volkskammer mit einer Mehrheit von 99 Prozent den bisherigen 1. Sekretär der SED-Bezirksleitung Dresden, → Hans Modrow, zum neuen Ministerpräsidenten. Modrow galt als reformorientiert und hatte sich durch seine sachliche und unprätentiöse Art innerhalb wie außerhalb der Partei Respekt erworben. Die Zusammensetzung des von 44 auf 28 Mitglieder reduzierten Ministerrats sprach indes nicht für einen klaren Bruch mit der Vergangenheit: 17 Minister waren Mitglieder der SED, die übrigen gehörten einer der Blockparteien an. Rund ein Drittel der Mitglieder der Stoph-Regierung behielten ihr Amt, darunter ausgerechnet Justizminister Hans-Joachim Heusinger. In vielen Fällen rückten bisherige Stellvertreter oder Staatssekretäre an die Spitze, selbst in sensiblen Bereichen wie dem Innen- und dem Staatssicherheitsministerium. Ein Zeichen setzte Modrow hingegen mit der Berufung des frisch gewählten Vorsitzenden der (Ost-)CDU → Lothar de Maizière zum für Kirchenfragen zuständigen Stellvertretenden Ministerpräsidenten. De Maizière hatte als Rechtsanwalt vor allem jugendliche Wehrdienstverweigerer verteidigt. Daneben vermochte in der Regierung einzig Wirtschaftsministerin Christa Luft Profil zu gewinnen. Die Expertise der bisherigen Rektorin der Hochschule für Ökonomie in Berlin-Karlshorst war weithin anerkannt.

Der Ministerrat war in der DDR bisher von politisch untergeordneter Bedeutung gewesen. Entscheidendes Machtzentrum waren das Politbüro und das Zentralkomitee (ZK) der SED. Das ZK verfügte über eigene Fachabteilungen, deren Leiter ebenso wie die ihnen übergeordneten ZK-Sekretäre gegenüber den Ministern weisungsbefugt waren. Die Ministerien waren somit in erster Linie ausführende Organe der Partei. Mit dem zunehmenden Machtverlust der SED im Herbst und Winter 1989 wuchs die Bedeutung des Ministerrats. Von Anfang an trug die insgesamt fünf Monate, bis zum 12. April 1990 amtierende Regierung jedoch den Makel fehlender demokratischer Legitimation mit sich. Denn die Volkskammer, die sie gewählt hatte, war nicht aus freien Wahlen hervorgegangen.

In seiner ersten Regierungserklärung vom 17. November versprach Modrow die Unumkehrbarkeit des Demokratisierungsprozesses und die Einbeziehung von Interessengruppen in politische Entscheidungen. Zudem kündigte er den Aufbau rechtsstaatlicher Verhältnisse sowie eine Verwaltungs- und eine Wirtschaftsreform an. Für besonderes Aufsehen sorgte sein Vorschlag einer „Vertragsgemeinschaft" mit der Bundesrepublik, der allerdings mit einer klaren Absage an eine Wiedervereinigung verbunden war.

Die Regierung Modrow hatte mit zahlreichen Problemen zu kämpfen, allen voran der desolaten wirtschaftlichen Situation der DDR. Sie war dringend auf finanzielle Unterstützung angewiesen, die Bonn jedoch nicht gewährte. Bundeskanzler Helmut Kohl wollte eine von der SED dominierte und nicht demokratisch gewählte Regierung nicht stützen. Politisch stand Modrow gleich von mehreren Seiten unter Druck: Auf den Straßen forderten die Menschen grundlegende Reformen und zunehmend auch eine zügige Wiedervereinigung. Die Oppositionsgruppen wollten die Regierungsarbeit kontrollieren, wozu Anfang Dezember der „Zentrale Runde Tisch" eingerichtet wurde. Parallel dazu setzte sich der Exodus der Menschen aus der DDR nahezu unvermindert fort: Zwischen dem 9. November und Ende Januar 1990 kehrten 225.000 DDR-Bürger ihrer Heimat den Rücken, darunter zahlreiche junge und gut ausgebildete Kräfte. Dies schwächte die Wirtschaft und den gesellschaftlichen Zusammenhalt weiter.

Mit Beginn des neuen Jahres wurde die Modrow-Regierung mehr und mehr zur Getriebenen der Ereignisse. Die politische Entwicklung in der DDR wurde zunehmend von der Bundesregierung und vom Druck der Straße bestimmt. Beide Seiten zielten auf einen möglichst raschen Weg zur Wiedervereinigung. Auch aus Moskau erhielt Modrow keine Unterstützung für den Fortbestand des von ihm regierten Staates mehr: Bei seinem Besuch Ende Januar 1990 signalisierte KPdSU-Chef Michail Gorbatschow, dass er ebenso wie die Westalliierten den Deutschen das Recht auf Selbstbestimmung zugestehen würde.

Modrow versuchte, den Druck zu mildern und die Legitimation seiner Amtsführung zu erhöhen, indem er die Opposition in die Regierungsarbeit einband. Am 5. Februar traten acht Vertreter der Opposition vom Runden Tisch als Minister ohne Geschäftsbereich in den Ministerrat ein, der fortan als „Regierung der nationalen Verantwortung" firmierte. Doch zu diesem Zeitpunkt steuerte bereits alles auf die Wahlen zur Volkskammer zu, deren Termin vom ursprünglich anvisierten 6. Mai auf den 18. März vorgezogen worden war. Der nur fünf Monate amtierende Ministerrat unter Führung von Modrow, von innen und außen und enormem Druck stehend, vermochte die DDR nicht aktiv neu zu gestalten. Er begleitete im Wesentlichen lediglich den Übergang von der Diktatur zur Demokratie.

Literaturtipp | Anlässlich des 90. Geburtstags von Hans Modrow führten der Journalist Oliver Dürkop und der Historiker Michael Gehler ein ausführliches Interview mit dem ehemaligen SED-Politiker. Das Gespräch ist unter dem Titel *In Verantwortung. Hans Modrow und der deutsche Umbruch 1989/90* als Buch veröffentlicht worden (Innsbruck 2018).

Was war der „Runde Tisch"?

Verschiedene Oppositionsgruppen hatten schon in der Frühphase der Revolution die Einrichtung eines „Runden Tisches" aus Vertretern der SED, der Opposition und anderer gesellschaftlicher Institutionen vorgeschlagen. Vorbilder waren die Runden Tische in Polen und Ungarn, die dort den friedlichen Übergang zur Demokratie gestaltet hatten. In einer gemeinsamen Erklärung konkretisierten am 10. November 1989 mehrere Bürgerrechtsgruppen diese Forderung. Ziel war es, den Demokratisierungsprozess abzusichern und die Voraussetzungen für eine Verfassungsreform und für freie Wahlen zu schaffen. Die SED konnte sich diesem Begehren schließlich nicht mehr entziehen. Sie ließ sich darauf ein, versuchte dabei aber den Eindruck zu erwecken, die Initiative zu dieser Form des Dialogs sei von ihr ausgegangen.
Die Regierung von Ministerpräsident → Hans Modrow und die Oppositionsgruppen einigten sich auf eine paritätische Besetzung des Runden Tisches mit jeweils 15 Vertretern der in der Volkskammer vertretenen Parteien sowie der oppositionellen Gruppen. Später wurden weitere Gruppen zugelassen, wobei die Parität der Teilnehmer gewahrt blieb. Die Moderation am Zentralen Runden Tisch, wie das Gremium in Abgrenzung zu den zahlreichen sich bildenden kommunalen, betrieblichen und thematischen Runden Tischen genannt wurde, übernahmen drei Vertreter der Kirchen. Die erste Sitzung fand am 7. Dezember 1989 im Dietrich-Bonhoeffer-Haus in Berlin-Mitte statt, später tagte man im Schloss Schönhausen in Pankow.
Der Zentrale Runde Tisch trat bis zum 12. März 1990 insgesamt 16 Mal zusammen. Er besaß weder eine parlamentarische noch eine Exekutivfunktion, sondern agierte als Kontroll- und Beratungsgremium

der Regierung. Zu seinen wichtigsten Tätigkeitsfeldern zählten neben der Vorbereitung der Volkskammerwahlen die Verhandlungen über die Auflösung des Staatssicherheitsdienstes sowie die Ausarbeitung eines Entwurfs für eine neue Verfassung der DDR. Zahlreiche Arbeitsgruppen befassten sich zudem mit Themen wie Sozialpolitik, Wirtschaft, Recht und Umweltschutz. Demokratisch legitimiert war der Runde Tisch ebenso wenig wie die Regierung. Die an ihm vertretenen Oppositionsgruppen verfügten allenfalls über eine moralische Legitimation, die sie aus ihrer bisherigen Rolle im Demokratisierungsprozess zogen.

Das Verhältnis von Opposition und Regierungsvertretern am Runden Tisch war von einer machtpolitischen Asymmetrie geprägt: Die Regierung konnte auf den Staats- und Sicherheitsapparat zurückgreifen und die an ihr beteiligten Parteien verfügten über hauptamtliche Mitarbeiter und eigene Presseorgane. Demgegenüber mussten die Oppositionsgruppen sich die für die politische Arbeit notwendige Infrastruktur erst noch erkämpfen. Doch konnten sie auf die Unterstützung der Straße zählen, was sich in einem ersten Machtkampf zwischen Rundem Tisch und Regierung als entscheidender Faktor erwies. Als Ministerpräsident Modrow im Zusammenhang mit der Auflösung des Amts für Nationale Sicherheit Beschlüsse des Runden Tisches und ein Ultimatum der Opposition ignorierte, machte die Straße mobil: Auch aus Empörung über bekannt gewordene großzügige Überbrückungsgelder für ehemalige Angehörige des Staatssicherheitsdienstes zogen 20.000 Ostberliner Bauarbeiter vor die Volkskammer und zwangen die Regierung zum Einlenken. Dies war ein entscheidender Durchbruch für die Opposition. Von nun an erkannte Modrow den Runden Tisch als Steuerungsorgan an. Zugleich bemühte er sich darum, die Opposition in die Regierungsarbeit einzubinden. Acht ihrer Vertreter traten am 5. Februar als Minister ohne Geschäftsbereich in die neu gebildete „Regierung der nationalen Verantwortung" ein. War schon diese Entscheidung stark umstritten gewesen, zeigten sich bald auch in anderen Fragen Differenzen innerhalb der Opposition, insbesondere im Hinblick auf die Deutsche Einheit. Die Arbeit des Runden Tisches stand in den folgenden Wochen zunehmend im Schatten des Wahlkampfes zu den anstehenden Volkskammerwahlen, in dem das Thema Wiedervereinigung die zentrale Rolle spielte.

Der Runde Tisch war ein wesentliches Element des Demokratisierungsprozesses in der DDR. Er bedeutete für die Opposition erstmals eine, wenn auch begrenzte Teilhabe an der Macht. Den Gruppen und Parteien bot er die Möglichkeit, demokratische Praktiken einzuüben und sich politisch zu profilieren – ein Prozess, an dem auch die DDR-Öffentlichkeit partizipieren konnte, da die Sitzungen ab Januar 1990 im Rundfunk bzw. im Fernsehen live übertragen wurden. Zu den wichtigsten politischen Leistungen des Zentralen Runden Tisches zählen die Auflösung des Staatssicherheitsdienstes sowie die Erarbeitung eines Verfassungsentwurfs. Politisch wurde der Runde Tisch von den Ereignissen letztlich überholt und mit den Volkskammerwahlen endgültig obsolet. Seine herausragende Bedeutung für die friedliche Revolution schmälert das nicht.

Literaturtipp | Die Protokolle der Sitzungen des Zentralen Runden Tisches hat mit zusätzlichen Dokumenten der Politikwissenschaftler Uwe Thaysen herausgegeben: *Zentraler Runder Tisch der DDR. Wortprotokoll und Dokumente*, 5 Bde., Opladen 2000.

Wer gewann die Volkskammerwahl am 18. März 1990?

Der Ruf nach „freien Wahlen“ war einer der häufigsten und lautesten auf den Demonstrationen im Herbst und Winter 1989/90. 40 Jahre lang hatte der Urnengang in der DDR in bloßem „Zettelfalten“, in der Zustimmung zur von der SED festgelegten Einheitsliste bestanden. Umso größer war jetzt die Sehnsucht der Bürger, über die politische Zukunft ihres Landes selbst bestimmen zu können. Auch die maßgeblichen politischen Kräfte im Land erkannten die Notwendigkeit einer demokratischen Neuwahl des Parlaments an. Denn weder die Volkskammer noch die Regierung und auch nicht der Runde Tisch waren demokratisch legitimiert. Die Bundesregierung machte zudem die Gewährung von finanziellen Hilfen für die DDR, deren Wirtschaft sich in einer existentiellen Krise befand, von einer demokratisch legitimierten Regierung abhängig.

Auf der ersten Sitzung des Runden Tisches einigte man sich auf den 6. Mai 1990 als Termin für die Volkskammerwahl – genau ein Jahr nach den Kommunalwahlen, deren Fälschung zur Mobilisierung der Opposition beigetragen hatte. Es konstituierte sich eine Arbeitsgruppe, die gemeinsam mit einem Ausschuss der Volkskammer ein neues Wahlgesetz ausarbeitete. Das am 20. Februar verabschiedete Gesetz sah eine Verhältniswahl ohne Sperrklausel vor. Angesichts des wachsenden Vertrauensverlusts der SED-geführten Regierung sowie des Drucks von Seiten der Bundesregierung mehrten sich bald Stimmen, die die Wahl vorziehen wollten. Auch die Sozialdemokraten, die in den Umfragen vorne lagen, und die SED-PDS plädierten aus wahltaktischen Motiven für einen früheren Termin. Die meisten Oppositionsgruppen waren jedoch dagegen, da sie sich für einen Wahlkampf politisch und organisatorisch noch nicht gerüstet sahen. Trotzdem fiel im Zusammenhang mit der Bildung der „Regierung der nationalen Verantwortung" am 5. Februar die Entscheidung, die Wahlen bereits am 18. März abzuhalten.

Im Laufe des Wahlkampfes entstanden verschiedene Wahlbündnisse. Die Ost-CDU schloss sich mit der neu gegründeten Deutschen Sozialen Union (DSU) und dem Demokratischen Aufbruch zum konservativen Bündnis Allianz für Deutschland zusammen. Maßgeblichen Anteil daran hatte die Bonner Schwesterpartei, die den Wahlkampf der Allianz massiv unterstützte. Auch die Sozialdemokraten, die inzwischen als SPD firmierten, erhielten Schützenhilfe von ihrem westdeutschen Pendant. Gleiches galt für die verschiedenen liberalen Parteien, die sich zum Bund Freier Demokraten zusammengeschlossen hatten. Die Bürgerrechtsgruppen Neues Forum, Demokratie Jetzt und Initiative Frieden und Menschenrechte bildeten gemeinsam das Bündnis 90. Die übrigen ehemaligen Blockparteien, Bürgerrechtsgruppen und neu gegründeten Parteien traten einzeln an.

Der Wahlkampf war ganz vom Thema Wiedervereinigung beherrscht. Zwar bekannten sich mittlerweile fast alle kandidierenden Parteien und Gruppierungen zur Einheit, doch wollten sie dabei unterschiedliche Wege gehen. Die Allianz für Deutschland stand für den schnellsten Kurs zur Wiedervereinigung und vor allem für eine rasche Einführung der D-Mark in der DDR. Bei den Meinungsforschungsinstituten lag im Februar indes die SPD mit großem Abstand vorne, ihr Vorsitzender und Spitzenkandidat → Ibrahim Böhme sah sich bereits als künftiger Ministerpräsident der DDR. Das Ergebnis vom 18. März war daher für alle Beteiligten eine große Überraschung: Die Allianz für Deutschland schrammte mit 48,1 Prozent der Stimmen nur knapp an der absoluten Mehrheit vorbei und lag damit weit vor den Sozialdemokraten, die nur auf 21,9 Prozent kamen. Die PDS, wie die bisherige Staatspartei SED sich seit dem 4. Februar nannte, landete mit einem unerwartet guten Ergebnis von 16,4 Prozent auf dem dritten Platz. Zu einer besonderen Enttäuschung wurde das Ergebnis für die Bürgerrechtsgruppen: Das Bündnis 90 kam lediglich auf 2,9 Prozent, die übrigen Gruppierungen lagen noch darunter.

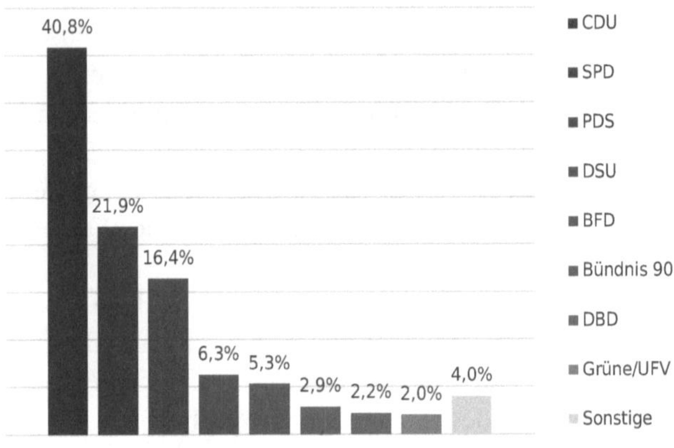

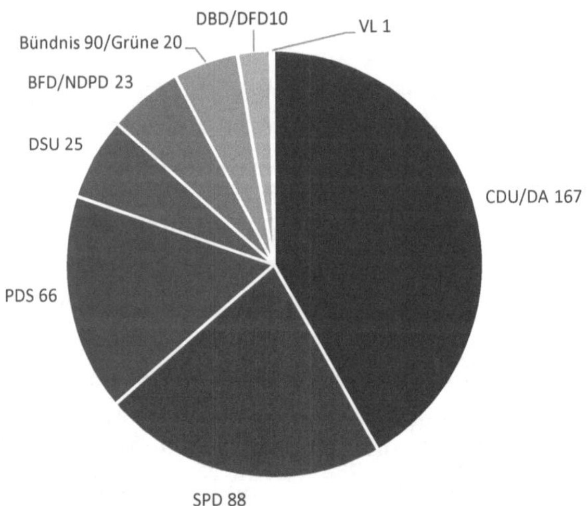

Abb. 4: Ergebnis der Volkskammerwahl 1990 und Sitzverteilung in der Volkskammer (eigene Darstellung), Quelle: Datenhandbuch zur Geschichte des Deutschen Bundestags 1949 bis 1999, Bd. III, S. 3903–3907

Die Wahlen hatten sich als Volksabstimmung über die Wiedervereinigung erwiesen. Diese vertrat niemand so konsequent wie die Allianz für Deutschland, die zudem mit Bundeskanzler Helmut Kohl über ein wichtiges Zugpferd verfügte. Den Sozialdemokraten schadete hingegen die skeptische Haltung von Teilen der West-SPD gegenüber einem raschen Kurs Richtung Einheit, insbesondere in Person des designierten Kanzlerkandidaten Oskar Lafontaine. Die Bürgerrechtsgruppen, die den Demokratisierungsprozess erst in Gang gesetzt hatten, hatten sich mit ihrem Eintreten für einen Dritten Weg und einen langsamen Übergang zur Einheit zunehmend von den Vorstellungen der Bevölkerung entfernt. Mit dem Ergebnis vom 18. März standen die Zeichen endgültig auf eine Abwicklung des eigenen Staates und eine möglichst rasche Herstellung der Einheit.

Linktipp | Ein Faksimile der Broschüre mit den Ergebnissen der Volkskammerwahl in sämtlichen Wahlkreisen findet sich zum Download auf der von der Bundesstiftung zur Aufarbeitung der SED-Diktatur betriebenen Seite www.deutsche-einheit-1990.de.

Auf dem Weg zur Einheit

Ein neues Parlament, eine neue Regierung und eine neue Währung – zahlreiche Veränderungen führten die DDR an die Bundesrepublik heran. Daneben wurde zielstrebig an einem Einigungsvertrag gearbeitet.

Welche Regierung wurde nach den Volkskammerwahlen gebildet?

Aus den Wahlen vom 18. März 1990 war die Allianz für Deutschland als klarer Sieger hervorgegangen. Allerdings hatte das Wahlbündnis kurz zuvor einen wichtigen Sympathieträger verloren: → Wolfgang Schnur, Spitzenkandidat des Demokratischen Aufbruchs, der gemeinsam mit der Ost-CDU und der Deutschen Sozialen Union (DSU) die Allianz bildete, war als inoffizieller Mitarbeiter (IM) des Ministeriums für Staatssicherheit enttarnt worden. Da Schnur als Rechtsanwalt zahlreiche Oppositionelle vertreten hatte, wurde dies als besonders schwerwiegender Vertrauensbruch betrachtet. Seine Nachfolge trat der Pfarrer → Rainer Eppelmann an. Wenige Tage nach der Wahl wurden gegen den SPD-Vorsitzenden und -Spitzenkandidaten → Ibrahim Böhme ebenfalls Vorwürfe laut, für die Geheimpolizei gespitzelt zu haben. Er ließ daher sein Mandat und sämtliche Ämter zunächst ruhen. Als sich die Vorwürfe Ende des Jahres bestätigten, wurde er aus der Partei ausgeschlossen. Den SPD-Vorsitz übernahm zunächst kommissarisch → Markus Meckel, im Juni wurde Wolfgang Thierse zum Nachfolger gewählt.

Die Regierungsbildung fiel dem CDU-Vorsitzenden → Lothar de Maizière zu, dessen Partei innerhalb der Allianz für Deutschland mit Abstand die meisten Stimmen erhalten hatte. Die Mehrheitsverhältnisse hätten es ihm ermöglicht, gemeinsam mit dem Bund Freier Demokraten (BFD) eine Koalitionsregierung analog zur christlich-liberalen Koalition in der Bundesrepublik zu bilden. Angesichts der großen bevorstehenden Aufgaben und um über eine für Verfassungsänderungen nötige Zweidrittelmehrheit zu verfügen, wurde die SPD in die Regierung einbezogen. Am 12. April wählte die Volkskammer de Maizière zum Ministerpräsidenten sowie ein 23-köpfiges Kabinett. Acht Minister gehörten der CDU an, sieben der SPD, drei den Liberalen, zwei der DSU und einer dem Demokratischen Aufbruch; zwei weitere waren parteilos. Die Zusammensetzung spiegelte die Marginalisierung der Bürgerrechtsbewegung wider, die sich bereits im Wahlergebnis gezeigt hatte: Mit Verteidigungsminister Rainer Eppelmann, Außenminister Markus Meckel sowie Sozialministerin → Regine Hildebrandt stammten lediglich drei Mitglieder aus der DDR-Oppositionsbewegung bzw. ihrem Umfeld. Demgegenüber war rund ein Drittel der Kabinettsmitglieder bereits zu DDR-Zeiten als Funktionär tätig gewesen; zum Justizminister wurde mit Kurt Wünsche sogar ein Politiker berufen, der dieses Amt bereits unter Walter Ulbricht und Erich Honecker innegehabt hatte.

Der Regierung kam in den folgenden Monaten die wohl einmalige Aufgabe zu, den eigenen Staat – und damit auch sich selbst – abzuwickeln. Dabei stand sie vor der doppelten Herausforderung, erstens die Verhältnisse im Innern zu stabilisieren und zweitens die Interessen der DDR-Bürger bei den Verhandlungen zur Wiedervereinigung zu vertreten. In seiner Regierungserklärung vom 19. April bekannte sich de Maizière zur raschen Wiedervereinigung und ihrer Einbettung in den europäischen Einigungsprozess. Das Regierungsprogramm sah u. a. eine Polizei- und Justizreform, die endgültige Auflösung des Ministeriums für Staatssicherheit sowie die Wiedererrichtung der 1952 aufgelösten Länder vor. Mit Blick auf den auszuhandelnden Einigungsvertrag ging es vor allem darum, die sozialen Belastungen für die DDR-Bürger möglichst gering zu halten. Hier war der Handlungsspielraum der Regierung indes begrenzt, da die Bedingungen für die Wiedervereinigung weitgehend von Bonn bestimmt wurden.

Die ursprüngliche Koalition hielt nur drei Monate. Am 24. Juli trat die Fraktion des BFD aus. Anlass waren Unstimmigkeiten über die Modalitäten für die erste gesamtdeutsche Bundestagswahl. Die beiden vom BFD entsandten Minister blieben jedoch im Amt. Einen Monat später kam es zum Bruch zwischen der Allianz für Deutschland und der SPD. De Maizière hatte am 16. August mehrere Minister entlassen, darunter den sozialdemokratischen Finanzminister Walter Romberg. Mit ihm hatte er sich in der Frage der Finanzierung der Einheit nicht einigen können. Wenige Tage später zog die SPD-Fraktion ihre übrigen Minister aus der Regierung zurück. Die Aufkündigung der Koalition stand auch im Zusammenhang mit dem bevorstehenden Wahlkampf zu den ersten gesamtdeutschen Wahlen, in dem sich die SPD gegen die CDU profilieren wollte.

Die erste frei gewählte DDR-Regierung amtierte nicht einmal ein halbes Jahr und hatte in dieser Zeit ein gewaltiges Arbeitspensum zu absolvieren. Ihre Mitglieder verfügten nur über geringe politische Erfahrung, was ihnen von Seiten mancher westdeutscher Politiker den Spottnamen „Laienspielgruppe" einbrachte. Nur wenige Minister spielten im vereinigten Deutschland noch eine herausgehobene politische Rolle: Zu ihnen gehörten Rainer Eppelmann und Markus Meckel, die für die CDU bzw. die SPD lange Zeit im Bundestag saßen, sowie Regine Hildebrandt, die neun Jahre als Sozialministerin in Brandenburg amtierte. Lothar de Maizière zog sich hingegen bereits 1991 ganz aus der Politik zurück, nachdem Vorwürfe, er habe als inoffizieller Mitarbeiter (IM) für die Staatssicherheit gewirkt, laut geworden waren.

Linktipp | Zur letzten DDR-Regierung hat die Bundesstiftung zur Aufarbeitung der SED-Diktatur unter dem Titel *Aufbruch und Einheit* ein umfangreiches Dossier mit Texten, Dokumenten, Fotos und Videos zusammengestellt: www.deutsche-einheit-1990.de.

Wann wurde die Westmark in der DDR eingeführt?

Seit Beginn des Jahres 1990 wurde die Lage der DDR-Wirtschaft immer schwieriger, es drohte der Staatsbankrott. Die wirtschaftliche Misere und die Ungewissheit über die weitere Entwicklung sorgten dafür, dass der Abwanderungsstrom in Richtung Bundesrepublik nicht abriss, was die ökonomischen Probleme weiter verschärfte. Auf Demonstrationen wurde der Ruf nach der Einführung der westdeutschen D-Mark in der DDR immer lauter, zumal diese sich in dieser Zeit mehr und mehr zur Schattenwährung entwickelte. Finanzhilfen für die DDR lehnte die Bundesregierung trotz der prekären Situation ab: Zum einen wollte sie vermeiden, die demokratisch nicht legitimierte Regierung von → Hans Modrow zu stützen. Zum anderen sollte kein Geld in ein marodes Wirtschaftssystem gepumpt werden. Stattdessen wurde eine möglichst rasche Integration der DDR in die Volkswirtschaft der Bundesrepublik angestrebt.

Am 6. Februar bot Bundeskanzler Helmut Kohl der DDR-Regierung Verhandlungen über eine Wirtschafts- und Währungsunion an. Nach der Volkskammerwahl begannen die Beratungen über den Vertrag, dessen Entwurf maßgeblich vom Bundesfinanzministerium ausgearbeitet wurde. Mit ihm sollte die soziale Marktwirtschaft der Bundesrepublik auf das Gebiet der DDR übertragen werden. Strittig war vor allem die Frage des Umtauschkurses zwischen der D-Mark und der DDR-Mark – sollte er bei 1:1 oder bei 1:2 liegen? Der offizielle Kurs im innerdeutschen Handel lag bei 1:4,4 – auf dem freien Markt mussten für eine D-Mark sogar acht bis neun DDR-Mark bezahlt werden. Finanzexperten warnten vor einer 1:1-Umstellung, da dies die ostdeutschen Betriebe in den Ruin treiben würde: Sie würden ihre Schulden sowie die Löhne nicht bezahlen können, zumal die Arbeitsproduktivität in der DDR nur bei etwa einem Drittel der westdeutschen lag. Eine Halbierung der deutlich niedrigeren Gehälter im Osten wiederum erschien als unrealistisch. Die DDR-Bevölkerung bestand ohnehin auf einer paritätischen Umstellung und untermauerte diese Forderung auf Demonstrationen. Schließlich einigte man sich auf eine Umstellung der Löhne und Gehälter im Verhältnis 1:1. Für Sparguthaben galt dieser Kurs nur bis zu einer nach Lebensalter abgestuften Obergrenze, alle darüber hinaus gehenden Beträge wurden im Verhältnis 1:2 umgetauscht.

Ergänzt wurde die Wirtschafts- und Währungsunion um eine Sozialunion. Mit ihr wurde das bundesdeutsche Sozialversicherungssystem – Renten-, Kranken- und Arbeitslosenversicherung – in die DDR übernommen. Gleiches galt für arbeitsrechtliche Bestimmungen wie Tarifautonomie, Streikrecht und Kündigungsschutz. Dass dies mit erheblichen finanziellen Belastungen für die Sozialversicherungen verbunden sein würde, war absehbar. Doch auch hier galt – wie bei der Währungsangleichung – für die Regierung Kohl der Primat des Politischen gegenüber der Ökonomie. Die Wiedervereinigung sollte möglichst rasch erreicht werden und die Ostdeutschen sich nicht als „Bürger zweiter Klasse" fühlen. Der Staatsvertrag wurde schließlich am 18. Mai unterzeichnet und einen Monat später von beiden deutschen Parlamenten jeweils mit großer Mehrheit verabschiedet.

Die Wirtschafts-, Währungs- und Sozialunion trat am 1. Juli 1990 in Kraft. Zugleich wurden die Preise freigegeben und die meisten Subventionen entfielen ebenso wie die Grenz- und Zollkontrollen. Schon am Vorabend des 1. Juli bildeten sich in der DDR Schlangen vor den Bankfilialen, manche öffneten ihre Schalter bereits um Mitternacht, um den Menschen das Abheben von Westgeld zu ermöglichen. Die Regale von Supermärkten wurden mit Westprodukten gefüllt. Vielerorts feierten die DDR-Bürger die Einführung der neuen Währung mit Autokorsos und Feuerwerken. Der Euphorie folgte jedoch schon bald der Katzenjammer, der von Ökonomen prognostiziert worden war: DDR-Produkte wurden von Westprodukten verdrängt, insbesondere im Bereich von hochwertigen Konsumgütern. Die Folge war ein massiver Einbruch der Industrieproduktion und die Entlassung von hunderttausenden Beschäftigten. Arbeitslosigkeit war in der DDR, deren Verfassung das „Recht auf Arbeit" garantiert hatte, ein bis dahin fast unbekanntes Phänomen gewesen. Umso härter traf sie nun die Menschen in Ostdeutschland.

Für die schlagartige Umstellung eines planwirtschaftlichen auf ein marktwirtschaftliches System gab es weder historische Vorbilder noch zuverlässige Prognosen. Die Wirtschafts- und Währungsunion stellte daher für alle Beteiligten ein Experiment mit ungewissem Ausgang dar. Sie kam einer „Schocktherapie" für die ostdeutsche Wirtschaft gleich. Die Erholung von diesem Schock dauerte weit länger als die meisten erwartet hatten, insbesondere mit Blick auf den Arbeitsmarkt. Die Folgen sind bis heute spürbar. An warnenden Stimmen hatte es im Vorfeld nicht gefehlt, wohl aber an gangbaren Alternativen. Die rasche Einführung der D-Mark in der DDR erscheint auch im Rückblick nicht zuletzt angesichts des anhaltenden Übersiedlerstroms in der ersten Jahreshälfte 1990 als beinahe alternativlos.

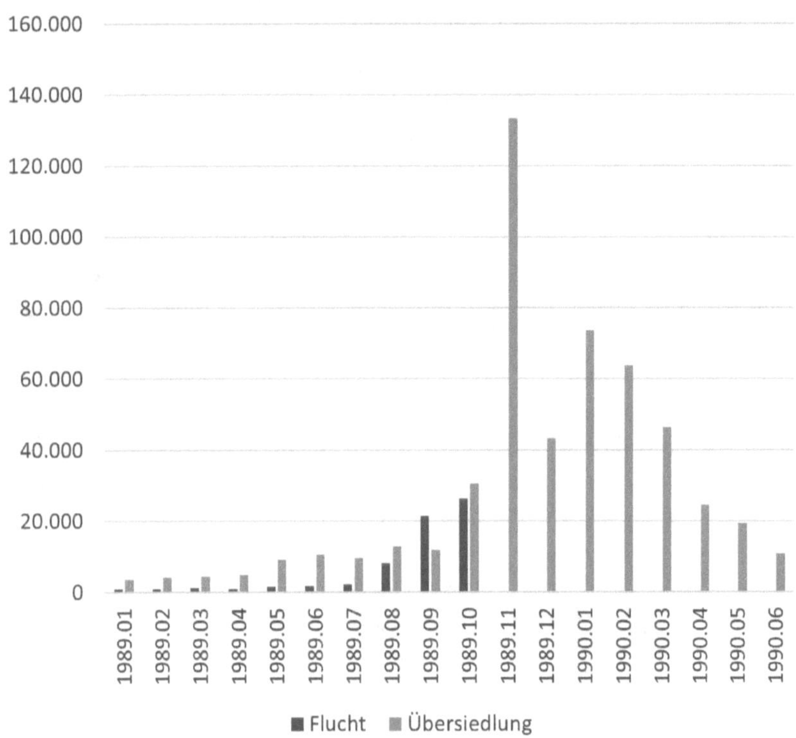

Abb. 5: Flucht und Übersiedlung 1989–1990 (eigene Darstellung), Quelle: Hartmut Wendt: Die deutsch-deutschen Wanderungen – Bilanz einer 40-jährigen Geschichte von Flucht und Ausreise, in Deutschland Archiv 24 (1991), S. 393

Linktipp | Informationen, Dokumente und Fotos zur Wirtschafts-, Währungs- und Sozialunion finden sich in einem Dossier auf der Homepage des Deutschen Bundestags: www.bundestag.de/dokumente/textarchiv/30348693_wegmarken_einheit2-202104.

Zitat | „Kommt die DM, bleiben wir, kommt sie nicht, geh'n wir zu ihr!", Transparent auf einer Montagsdemonstration, 12. Februar 1990

Anfang 1990 war die Machtfrage in der DDR weitgehend geklärt. Die ersten freien Wahlen standen kurz bevor und über die Auflösung des Staatssicherheitsdienstes wachte ein Bürgerkomitee. Trotzdem hielt die Übersiedlung von DDR-Bürgern in die Bundesrepublik an: Im Januar waren es 74.000. Die Ostdeutschen stimmten, wie schon in den 1950er-Jahren, „mit den Füßen" ab. Sie wollten die rasche Herstellung der Einheit und die Einführung der westdeutschen Währung in der DDR. Ein am 12. Februar auf einer Montagsdemonstration gezeigtes Transparent mit der Losung „Kommt die DM, bleiben wir, kommt sie nicht, geh'n wir zu ihr!" brachte diesen Zusammenhang auf den Punkt. Der Handlungsdruck auf die Politiker in Ost und West wuchs: Nicht von ungefähr fiel in diese Zeit das Angebot der Bundesregierung zur Wirtschafts- und Währungsunion. Diese gegen den Rat von Wirtschaftsexperten gefällte Entscheidung war bewusst als Signal an die Ostdeutschen gedacht, in der DDR zu bleiben – und hatte Erfolg: Bis Juni 1990 sank die monatliche Zahl der Übersiedler auf knapp 11.000.

Abb. 6: Transparent auf einer Montagsdemonstration, 12. Februar 1990

Welche Aufgaben hatte die Treuhandanstalt?

In der DDR gab es praktisch keine Privatwirtschaft. Fast sämtliche Unternehmen wurden nach und nach in Volkseigene Betriebe (VEB) umgewandelt und damit quasi verstaatlicht oder in Genossenschaften überführt. Im Zuge der angestrebten Überführung des planwirtschaftlichen Systems in eine soziale Marktwirtschaft stellte sich daher die Frage, wie mit diesen Betrieben umzugehen war. Am 1. März 1990 beschloss die Regierung von Ministerpräsident → Hans Modrow, eine Anstalt zur treuhänderischen Verwaltung des Volkseigentums (kurz: Treuhandanstalt) zu schaffen. Damit griff sie einen Vorschlag des Runden Tisches auf, der auf diese Weise die Anteilsrechte der Bevölkerung am Volkseigentum der DDR wahren wollte. Die neu errichtete Behörde begann zunächst damit, kleinere VEB in private Kapitalgesellschaften zu überführen.

Am 17. Juni 1990 verabschiedete die neu gewählte Volkskammer das Treuhandgesetz, das vom Ministerrat unter → Lothar de Maizière in enger Abstimmung mit der Bundesregierung erarbeitet worden war. Damit erhielt die Treuhandanstalt eine neue gesetzliche Grundlage und wurde mit der Wiedervereinigung als Anstalt öffentlichen Rechts dem Bundesfinanzministerium unterstellt. Hauptaufgabe der Behörde war es, die ihr unterstellten VEB zu sanieren und zu privatisieren. Nicht sanierungsfähige Betriebe sollten stillgelegt und ihr Vermögen im Interesse der Allgemeinheit verwertet werden, ein Prozess, für den sich der Begriff „Abwicklung" einbürgerte. Der Treuhand unterstanden im Sommer rund 8.000 Betriebe mit insgesamt etwa 4 Millionen Mitarbeitern. Ab August 1990 leitete der westdeutsche Manager Detlev Karsten Rohwedder die Behörde und prägte für ihre Arbeit die Formel „schnelle Privatisierung, entschlossene Sanierung, behutsame Stilllegung". Rohwedder fiel am 1. April 1991 einem Attentat zum Opfer, zu dem sich die linksterroristische Rote Armee Fraktion (RAF) bekannte. Die niedersächsische Finanzministerin Birgit Breuel trat seine Nachfolge an.

Die Treuhandanstalt, die bald zu einer Riesenbehörde mit über 4.000 Mitarbeitern anwuchs, stand vor einer Mammutaufgabe, die unter schwierigen Bedingungen bewältigt werden musste. Mit der Währungsunion hatten sich für einen großen Teil der Betriebe die wirtschaftlichen Probleme verschärft: Die Lohnkosten stiegen und die Nachfrage nach Gütern aus ostdeutscher Produktion ging enorm zurück. Zudem brach der Export in die Länder des aufgelösten Ostblocks ein. Diejenigen Betriebe, bei denen eine Sanierung möglich schien, mussten ihren Personalbestand drastisch reduzieren. Einer zügigen Privatisierung standen die oft hohe Verschuldung der Betriebe sowie in vielen Fällen ungeklärte Eigentumsverhältnisse im Wege. Vom – durch Entflechtung auf über 12.000 angewachsenen – Bestand an Betrieben konnte die Treuhand insgesamt gut drei Viertel privatisieren oder kommunalisieren, knapp 4.000 Unternehmen wurden liquidiert. Die Hoffnung, die Arbeit der Treuhandanstalt aus den Verkaufserlösen zu finanzieren, erwies sich als illusorisch: Als die Behörde Ende 1994 aufgelöst wurde, lag ihr Schuldenstand bei rund 200 Milliarden DM. Ihre Aufgaben wurden größtenteils von der neu geschaffenen Bundesanstalt für vereinigungsbedingte Sonderaufgaben (BvS) übernommen.

Die Arbeit der Treuhandanstalt war Zeit ihrer Existenz und auch danach hoch umstritten. Die Behörde wurde zum Symbol für den wirtschaftlichen Niedergang Ostdeutschlands, für die damit verbundene Massenarbeitslosigkeit sowie für den „Ausverkauf" der DDR durch den Westen. Tatsächlich ging die Zahl der Beschäftigten in den von der Treuhand verwalteten Unternehmen innerhalb weniger Jahre von gut 4 Millionen auf 1,5 Millionen zurück. Und nur 5 Prozent der privatisierten Betriebe gelangten in ostdeutsche Hände, während 85 Prozent westdeutsche und die übrigen internationale Neueigentümer fanden. Zum negativen Image der Treuhandanstalt trugen zudem mehrere Bestechungsskandale bei, die auch einen Untersuchungsausschuss des Bundestags beschäftigten. Für eine Bewertung der Tätigkeit der Treuhand ist indes zu berücksichtigen, dass die Grundsatzentscheidung für eine rasche Privatisierung der DDR-Betriebe von der Bundesregierung getroffen wurde. Ob eine andere Politik die negativen Folgen für die ostdeutsche Wirtschaft hätte abmildern können, ist fraglich. Bis heute dient die Treuhandanstalt für viele Deutsche in Ost und West als Sündenbock für zahlreiche wirtschaftliche Fehlentwicklungen in Ostdeutschland, für die sie allenfalls teilweise verantwortlich zu machen ist.

Literaturtipp | Das Institut für Zeitgeschichte hat jüngst ein großangelegtes Forschungsprojekt zur Geschichte der Treuhandanstalt abgeschlossen. Als erste Publikation daraus ist das folgende Buch erschienen: Andreas Malycha: *Vom Hoffnungsträger zum Prügelknaben. Die Treuhandanstalt zwischen wirtschaftlichen Erwartungen und politischen Zwängen 1989–1994*, Berlin 2022.

Auf welcher rechtlichen Grundlage wurde die Einheit vollzogen?

Bis zum Mauerfall am 9. November 1989 hatte die Frage der Wiedervereinigung nicht auf der Tagesordnung gestanden. Nach diesem Datum wurden entsprechende Forderungen erhoben und spätestens mit dem 10-Punkte-Programm von Bundeskanzler Helmut Kohl vom 28. November wurde das Thema politisch akut. Doch auch zu diesem Zeitpunkt wollte ein erheblicher Teil der Oppositionsbewegung die DDR noch als eigenständigen, demokratisierten Staat erhalten. Viele favorisierten einen Dritten Weg zwischen Sozialismus und Kapitalismus. Erst im Februar 1990 etablierte sich angesichts des ökonomischen Verfalls der DDR und der anhaltenden Übersiedlungsbewegung in die Bundesrepublik ein weitgehender Konsens für die Wiedervereinigung. Umstritten war aber nach wie vor die Frage, auf welche Weise die Einheit zwischen den beiden deutschen Staaten hergestellt werden sollte.

Im Zentrum der Debatte standen zwei Artikel des Grundgesetzes der Bundesrepublik Deutschland, die unterschiedliche Wege zur Einheit ermöglichten: Artikel 23 und Artikel 146. Ersterer regelte den Geltungsbereich des Grundgesetzes und zählte die ursprünglich zwölf Länder einschließlich Berlins auf, die die Bundesrepublik umfasste.* Daran anschließend hieß es: „In anderen Teilen Deutschlands ist es nach deren Beitritt in Kraft zu setzen." Diese Klausel war bis 1990 nur ein einziges Mal zur Anwendung gekommen, anlässlich des Beitritts des Saarlandes zur Bundrepublik zum 1. Januar 1957. Artikel 146 zufolge verlor das Grundgesetz „seine Gültigkeit an dem Tage, an dem eine Verfassung in Kraft tritt, die von dem deutschen Volke in freier Entscheidung beschlossen worden ist." Artikel 23 stand mithin für einen Vereinigungsprozess, bei dem die für die Bundesrepublik geltenden verfassungsmäßigen und gesetzlichen Bestimmungen auf das Territorium der DDR übertragen wurden. Eine Vereinigung nach Artikel 146 hätte hingegen die Ausarbeitung einer neuen Verfassung bedeutet, die der gesamten deutschen Bevölkerung zur Abstimmung vorzulegen war.

---

* Dabei handelte es sich um Bayern, Bremen, Groß-Berlin, Hamburg, Hessen, Niedersachsen, Nordrhein-Westfalen, Rheinland-Pfalz, Schleswig-Holstein, Baden, Württemberg-Baden und Württemberg-Hohenzollern. Letztere drei Länder wurden 1952 zum Bundesland Baden-Württemberg zusammengeschlossen, 1957 kam das Saarland hinzu. Trotz dieser Veränderungen blieb der Artikel 23 des Grundgesetzes bis 1990 unverändert.

Für den Beitritt der DDR nach Artikel 23 sprach, dass sich die Einheit auf diesem Weg rascher und unkomplizierter herstellen ließ. Argumentiert wurde auch damit, dass sich das Grundgesetz 40 Jahre lang als Grundlage für die stabile Demokratie der Bundesrepublik bewährt habe. Für diesen Weg sprachen sich die Bundesregierung sowie die im Februar 1990 in der DDR gebildete konservative Allianz für Deutschland aus. Weite Teile der DDR-Bürgerrechtsbewegung sowie die westdeutschen Grünen und zahlreiche Sozialdemokraten favorisierten hingegen die Ausarbeitung einer neuen Verfassung gemäß Artikel 146. Diese Variante, so die Befürworter, ermögliche eine Vereinigung auf „Augenhöhe" und verschaffe dem deutschen Volk eine neue, gemeinsame Identität.

Die Entscheidung in dieser Frage fiel bald zugunsten des Beitritts nach Artikel 23. Ausschlaggebend war der Wunsch der weit überwiegenden Mehrheit der DDR-Bürger nach einer raschen Wiedervereinigung, wie er im Sieg der Allianz für Deutschland bei den Wahlen vom 18. März zum Ausdruck kam. Artikel 1 des am 31. August 1990 unterzeichneten Einigungsvertrags sah daher den Beitritt der DDR zur Bundesrepublik „gemäß Artikel 23 des Grundgesetzes" vor. Ein kleines Zugeständnis lag in Artikel 5 des Vertrags: Dieser enthielt die Empfehlung, sich innerhalb von zwei Jahren mit im Zusammenhang mit der Einheit aufgeworfenen Fragen zur Änderung oder Ergänzung des Grundgesetzes zu befassen. Die auf Grundlage dieser Bestimmung eingesetzte Verfassungskommission hielt in ihrem 1993 vorgelegten Abschlussbericht jedoch weder größere Änderungen noch eine Volksabstimmung über das Grundgesetz für erforderlich.

Wer führte die Verhandlungen zur Einigungsvertrag?

Die Entscheidung, die Wiedervereinigung nach Artikel 23 des Grundgesetzes als Beitritt der DDR zur Bundesrepublik zu vollziehen, hätte einen Einigungsvertrag im Grunde überflüssig gemacht. Doch gab es in vielen Bereichen Regelungsbedarf, der sich auf diese Weise bündeln ließ. Weit wichtiger war aber der Wunsch der ostdeutschen Regierung, als eigenständiger Vertragspartner aufzutreten. Das Bemühen, den Anschein von Verhandlungen auf Augenhöhe zu erwecken, spiegelt sich auch im vollen Namen des Abkommens: „Vertrag zwischen der Bundesrepublik Deutschland und der Deutschen Demokratischen Republik über die Herstellung der Einheit Deutschlands".

Die Verhandlungen über den Einigungsvertrag begannen am 6. Juli in Ostberlin. Verhandlungsführer auf ostdeutscher Seite war → Günther Krause, Parlamentarischer Staatssekretär bei Ministerpräsident → Lothar de Maizière. Krause war vor seinem Eintritt in die Politik als Dozent an der Ingenieurhochschule Wismar tätig gewesen. Er war 1975 der CDU der DDR beigetreten und wurde im März 1990 zum ersten Vorsitzenden des wieder gegründeten Landesverbandes Mecklenburg-Vorpommern gewählt. Dem erst 35-jährigen Krause stand auf westdeutscher Seite mit Wolfgang Schäuble ein erfahrener und versierter Politikprofi gegenüber. Der CDU-Politiker, Jg. 1942, war Innenminister der Bundesrepublik und zuvor fünf Jahre Chef des Bundeskanzleramts gewesen. Er galt als enger Vertrauter von Bundeskanzler Helmut Kohl.

Die ostdeutsche Seite war von Anfang an der schwächere Partner in den Verhandlungen, schon weil die DDR-Regierung in viel stärkerem Maße auf einen erfolgreichen Abschluss des Vertrags angewiesen war als ihr westdeutsches Pendant. Die Bundesregierung wiederum hatte die Interessen der Oppositionsparteien und der Bundesländer zu berücksichtigen: Sie benötigte eine Zweidrittelmehrheit im Bundestag und die Zustimmung des Bundesrates. Die westdeutsche Dominanz demonstrierte Schäuble, indem er in den Verhandlungen wiederholt daran erinnerte, dass es um den Beitritt der DDR zur Bundesrepublik gehe und „nicht um die umgekehrte Veranstaltung". Die politischen, ökonomischen und gesellschaftlichen Grundlagen der Bundesrepublik standen nicht zur Disposition, Änderungen an der bestehenden Rechtsordnung sollten möglichst gering gehalten werden.

Nach insgesamt drei Verhandlungsrunden war das aus 45 Artikeln bestehende und mit Anlagen über 1.000 Seiten umfassende Vertragswerk fertig. Der Vertrag enthielt u. a. Regelungen zur Gültigkeit der völkerrechtlichen Verträge beider deutscher Staaten, zur Übertragung der Rechts- und Sozialverhältnisse auf Ostdeutschland sowie zum Umgang mit den Altschulden der DDR. Die Vertragspartner verpflichteten sich außerdem, die Opfer des SED-Regimes zu rehabilitieren und zu entschädigen. Der Bundesrat setzte durch, dass die ostdeutschen Länder bis 1994 nicht in den Länderfinanzausgleich aufgenommen, sondern aus Mitteln des von Bund und Ländern gemeinsam finanzierten Fonds „Deutsche Einheit" unterstützt wurden. Zur Hauptstadt des wiedervereinigten Deutschlands wurde Berlin bestimmt, die Entscheidung über den Sitz von Parlament und Regierung wurde vertagt. Strittig blieb die Frage der Strafbarkeit von Schwangerschaftsabbrüchen. Hier galt in der DDR seit 1974 die Fristenlösung, die eine Abtreibung innerhalb der ersten drei Schwangerschaftsmonate legalisierte. In der Bundesrepublik war die Straffreiheit hingegen von einer medizinischen oder sozialen Indikation abhängig. Da an dieser Frage der gesamte Vertrag zu scheitern drohte, einigte man sich auf eine Übergangslösung, nach der die beiden unterschiedlichen Regelungen zunächst parallel für die alten bzw. die neuen Bundesländer gültig blieben. Erst im Jahr 1995 wurde eine gesamtdeutsche Fassung des § 218 beschlossen, die der in Ostdeutschland gültigen Fristenregelung nahekam.

Der Einigungsvertrag wurde am 31. August von Schäuble und Krause unterzeichnet, den Beitritt der DDR zur Bundesrepublik mit Wirkung vom 3. Oktober 1990 hatte die Volkskammer bereits eine Woche zuvor beschlossen. Am 20. September ratifizierten die beiden deutschen Parlamente den Einigungsvertrag jeweils mit großer Mehrheit. In der Volkskammer stimmten nur die Fraktionen von PDS und Bündnis 90/Grüne dagegen. Die Gegenstimmen im Bundestag kamen von der Mehrheit der Grünen-Fraktion sowie vereinzelt aus der CDU/CSU-Fraktion. Die Annahme durch den Bundesrat erfolgte am nächsten Tag hingegen einstimmig.

Literaturtipp | Wolfgang Schäuble, der westdeutsche Verhandlungsführer für den Einigungsvertrag, hat seine Erfahrungen aus dieser Zeit in Buchform veröffentlicht: *Der Vertrag. Wie ich über die deutsche Einheit verhandelte*, München 1993.

Warum traten DDR-Bürgerrechtler im September 1990 in einen Hungerstreik?

Zu den umstrittensten Fragen im Prozess der Wiedervereinigung gehörte der Umgang mit den Hinterlassenschaften des Ministeriums für Staatssicherheit (MfS). Fast 40 Jahre lang hatte die Geheimpolizei des SED-Staates Informationen über hunderttausende DDR-Bürger gesammelt und dabei gegen elementare Menschenrechte verstoßen: Briefe wurden geöffnet, Wohnungen abgehört und ein Heer von Spitzeln berichtete als inoffizielle Mitarbeiter (IM) über Freunde, Nachbarn und Kollegen. Die papiernen Überreste dieser Aktivitäten lagerten in den Kellern der Dienstobjekte des MfS.

Mit der Auflösung der Geheimpolizei wurde ein am 8. Februar eingerichtetes „Staatliches Komitee“ beauftragt. Es arbeitete gemeinsam mit den Bürgerkomitees, die sich während der Besetzung der Stasi-Gebäude gebildet hatten, und in enger Abstimmung mit dem Runden Tisch. Dem Komitee gehörten auch ehemalige hauptamtliche Mitarbeiter der Geheimpolizei an, da nur diese sich mit den verschlungenen Zugängen zu den Akten auskannten. Diese Kooperation war von Beginn an umstritten. Tatsächlich wurden im Zuge des Auflösungsprozesses einige Entscheidungen getroffen, die sich im Rückblick als problematisch erwiesen. Dazu gehörten die Vernichtung von elektronischen Datenträgern mit personenbezogenen Daten und die Genehmigung für die Auslandsspionageabteilung, sich selbst aufzulösen.

In der Debatte über den Umgang mit den Akten herrschte zunächst vielfach die Ansicht vor, die personenbezogenen Unterlagen müssten vernichtet werden. Neben der Gefahr des Missbrauchs spielte die Sorge eine Rolle, eine Offenlegung des Materials könnte die Atmosphäre in der DDR vergiften. Demgegenüber beschworen einige Bürgerrechtler das Recht auf persönliche Akteneinsicht für Opfer des SED-Regimes und die Nutzung der Akten für die Aufarbeitung des in der DDR geschehenen Unrechts. Die Stasi-Dienststellen hatten sie im Dezember 1989 schließlich nicht zuletzt deshalb besetzt, um die beginnende Vernichtung von Unterlagen zu stoppen und so Beweismittel für die Rechtsbrüche des MfS zu sichern.

Nach den Volkskammerwahlen schlug die Stimmung zugunsten einer Offenlegung der Akten um. Dazu hatte die Enttarnung der IM-Tätigkeit mehrerer prominenter Politiker beigetragen, die offenkundig auf Insidertipps von ehemaligen MfS-Mitarbeitern zurückging. Ihnen sollte nicht die Deutungshoheit überlassen werden. Von westlicher Seite wiederum wurden datenschutzrechtliche Vorbehalte gegen eine Öffnung der Akten geäußert. Dabei spielte auch die Furcht mancher Bundespolitiker eine Rolle, es könnten brisante Informationen über sie ans Licht gelangen.

Die Volkskammer richtete im Juni 1990 einen Sonderausschuss ein, der mit der Ausarbeitung eines Gesetzes zum Umgang mit den Stasi-Unterlagen betraut wurde. Vorsitzender wurde der Rostocker Pfarrer → Joachim Gauck, Abgeordneter des Neuen Forums. Am 24. August verabschiedete das letzte DDR-Parlament das Gesetz zur Sicherung und Nutzung der personenbezogenen Daten des MfS. Es sah u. a. die Verwendung der Akten für die historische und juristische Aufarbeitung sowie für Sicherheitsüberprüfungen vor. Ziel des Gesetzes war der Schutz der Persönlichkeitsrechte der Opfer, ihre Rehabilitierung und die Bestrafung der Täter.

Ende August wurde bekannt, dass das Volkskammergesetz nicht in den Einigungsvertrag übernommen worden war und die Akten zunächst unter das Dach des Bundesarchivs gelangen sollten. Es folgte eine Welle der Empörung in der DDR. Als Nachverhandlungen nicht zum gewünschten Ergebnis führten, besetzte am 4. September 1990 eine Gruppe von Bürgerrechtlern, darunter → Bärbel Bohley, Katja Havemann und Jürgen Fuchs, Räume in der ehemaligen Stasi-Zentrale. Eine Woche später traten die Besetzer in einen Hungerstreik. Eine Unterschriftensammlung, Besuche von Politikern aus Ost und West sowie Mahnwachen sorgten für eine breite Öffentlichkeit.

Zwei Wochen nach dem Beginn der Besetzung hatte die Aktion Erfolg. DDR- und Bundesregierung vereinbarten, das Volkskammergesetz zum Umgang mit den Stasi-Akten nach der Wiedervereinigung „umfassend" zu berücksichtigen. Die Unterlagen würden in Ostdeutschland verbleiben und unter die Obhut eines Sonderbeauftragten gestellt werden. Unter Wahrung der Rechte der Betroffenen auf Einsichtnahme und des Schutzes ihrer persönlichen Daten sollten sie zur historisch-politischen und juristischen Aufarbeitung verwendet werden.

Damit hatten die Bürgerrechtler kurz vor der Herstellung der Einheit einen wichtigen Sieg errungen. Zu einer Zeit, in der die politische Entwicklung längst nicht mehr von der früheren DDR-Opposition, sondern überwiegend von Akteuren aus der Bundesrepublik bestimmt wurde, war dies auch von hoher symbolischer Bedeutung. Mit dem Mittel des zivilen Ungehorsams hatten sich die Besetzer das Recht erstritten, den Umgang mit dem Erbe des Überwachungsstaates und die Aufarbeitung der eigenen persönlichen Schicksale selbst in die Hand zu nehmen.

Linktipp | Ein Erfahrungsbericht des am Hungerstreik beteiligten Mitglieds des Bürgerkomitees Stephan Konopatzky findet sich auf der Website der Bundeszentrale für politische Bildung: www.bpb.de/themen/deutsche-teilung/stasi/224447/besetzung-mit-folgen.

Die internationale Dimension

Neben den innerdeutschen Entwicklungen ist auch die Haltung der Siegermächte relevant: Wie standen diese zur Deutschen Einheit? Besonders umstritten war im Zuge der Zwei-plus-Vier-Verhandlungen die Frage nach der militärischen Bündniszugehörigkeit eines vereinigten Deutschland.

Wie standen Deutschlands Nachbarn und Verbündete zur Wiedervereinigung?

In den 1980er-Jahren wurde die deutsche Teilung international weithin als gegeben akzeptiert und nicht mehr ernsthaft in Frage gestellt. Die entspannungspolitischen Signale, die der Generalsekretär der KPdSU Michail Gorbatschow seit seinem Amtsantritt im Jahr 1985 sendete, änderten daran nur wenig. Als US-Präsident Ronald Reagan bei seinem Berlin-Besuch im Sommer 1987 einen öffentlichen Appell an Gorbatschow richtete, die Mauer einzureißen, wurde dies im In- wie im Ausland überwiegend als leere Propagandarhetorik wahrgenommen.

In den folgenden zwei Jahren änderten sich die Rahmenbedingungen allmählich: Ende 1988 hatte sich Gorbatschow in einer Rede vor den Vereinten Nationen zur „Freiheit der Wahl" für alle Völker bekannt. Gemäß diesem Prinzip verzichtete die Sowjetunion auch auf eine Einmischung in die politischen Umwälzungen in Polen und Ungarn. Reagans Nachfolger George Bush gab im Mai 1989 ein freies und geeintes Europa als politisches Ziel aus und äußerte vor dem Hintergrund des Abbaus der Grenzanlagen zwischen Österreich und Ungarn, dass auch die Berliner Mauer fallen müsse. Damit stand zwar keineswegs plötzlich die Wiedervereinigung auf der Agenda, doch deutete sich an, dass schleichend Bewegung in die Deutsche Frage kam. Die europäischen Partner der Bundesrepublik, namentlich Großbritannien und Frankreich, standen einer Veränderung des Status quo in Europa dagegen skeptisch gegenüber. Sie fürchteten die politische und ökonomische Dominanz eines geeinten Deutschlands.

Bundeskanzler Helmut Kohl war sich dieser Vorbehalte bewusst, weshalb er am Tag nach dem Mauerfall den Regierungschefs der Verbündeten telefonisch versicherte, angesichts der neuen Situation maßvoll zu agieren. Auch verzichtete er während der Kundgebung vor dem Schöneberger Rathaus darauf, die Wiedervereinigung als Nahziel zu benennen. Umso kritischer fielen die Reaktionen in Paris und London aus, als Kohl wenig später sein 10-Punkte-Programm präsentierte, das eine schrittweise Annäherung der deutschen Staaten mit dem Ziel der Wiedervereinigung vorsah. US-Präsident Bush hingegen stimmte dem Programm zu, band seine Unterstützung aber an vier Bedingungen: die Berücksichtigung des Selbstbestimmungsrechts der Deutschen, einen abgestuften Prozess zur Einheit, die Unverletzlichkeit der Grenzen in Europa sowie die dauerhafte

Zugehörigkeit eines geeinten Deutschlands zur NATO und zur Europäischen Gemeinschaft.

Auf den in den folgenden Wochen stattfindenden Gipfeltreffen beider internationaler Organisationen schlug Kohl vor allem von französischer und britischer Seite heftiger Wind entgegen. Präsident François Mitterrand und Premierministerin Margaret Thatcher zeigten sich über das Vorpreschen des Bundeskanzlers empört. Beide betonten, dass für eine Wiedervereinigung die Zustimmung der vier Siegermächte des Zweiten Weltkriegs erforderlich sei. Für ihre ablehnende Haltung spielten sicherheitspolitische Motive und die Furcht vor einer deutschen Hegemonie in Europa eine Rolle. Auch die italienische und die niederländische Regierung zeigten sich misstrauisch. Unterstützung für Kohl kam hingegen vom spanischen Ministerpräsidenten Felipe González und von der irischen Regierung. Trotz dieser Differenzen gelang sowohl beim EG-Gipfel als auch beim NATO-Treffen die Einigung auf eine gemeinsame Erklärung, in der das Selbstbestimmungsrecht der Deutschen im Hinblick auf die Wiedervereinigung betont wurde.

Sorgen bereitete die Aussicht auf ein vereinigtes Deutschland auch dem östlichen Nachbarn Polen. Pikanterweise hielten sich Kohl und Bundesaußenminister Hans-Dietrich Genscher zum Zeitpunkt des Mauerfalls zu einem Staatsbesuch in Warschau auf. Dass die beiden Politiker ihren Besuch aus diesem Anlass unterbrachen, sorgte beim Gastgeber für Verstimmung. Die Ursachen für die polnische Skepsis lagen aber tiefer. Sie speisten sich aus den Erfahrungen des Zweiten Weltkriegs und der Tatsache, dass die Bundesrepublik die Westgrenze Polens völkerrechtlich noch nicht anerkannt hatte.

Trotz ihres Bekenntnisses zum Selbstbestimmungsrecht der Deutschen blieben Frankreich und Großbritannien bei ihrer kritischen Haltung. Lange Zeit gingen sie allerdings davon aus, dass die Sowjetunion der Wiedervereinigung ohnehin niemals zustimmen würde. Mitterrand stattete noch im Dezember 1989 dem DDR-Ministerpräsidenten → Hans Modrow einen offiziellen Besuch ab. Obwohl die Visite bereits vor dem Mauerfall geplant worden war, wurde dies als Betonung der Eigenständigkeit der DDR wahrgenommen. Dem französischen Präsidenten kam es indes vor allem darauf an, die deutsche Einheit in eine Vertiefung des europäischen Einigungsprozesses einzubetten. Kohls Bekräftigung, den Integrationsprozess fortsetzen zu wollen, und seine Zustimmung zum Vorziehen der Schaffung einer gemeinsamen europäischen Währung erleichterten es Mitterrand, seine Vorbehalte aufzugeben. Margaret Thatcher stand mit ihrer auch aus antideutschem Ressentiment gespeisten ablehnenden Haltung hingegen zunehmend isoliert da, sowohl in Europa als auch im eigenen Land.

Literaturtipp | Die Literatur zur internationalen Dimension des deutschen Einigungsprozesses ist kaum noch überschaubar. Eine kompakte Zusammenfassung des Forschungsstandes bietet der Aufsatz von Hermann Wentker: *Die Revolution der Staatenwelt und die Wiedervereinigung. Die Wiederherstellung der deutschen Einheit als Problem der internationalen Politik*, in: Andreas H. Apelt u. a. (Hg.): *Der Weg zur Deutschen Einheit. Mythen und Legenden*, Berlin 2010, S. 211–230.

Was waren die Zwei-plus-Vier-Gespräche?

Weder die Bundesrepublik noch die DDR verfügten im Jahr 1989 über ein volles Selbstbestimmungsrecht. Ihre Souveränität stand unter dem Vorbehalt der gemeinsamen Verantwortung der vier Siegermächte des Zweiten Weltkriegs für Deutschland als Ganzes. Aufgrund dieses Zustands, der auf der Berliner Erklärung der Alliierten vom Juni 1945 fußte, bedurfte es für die Wiedervereinigung der Zustimmung der vier Mächte. Diesen Anspruch bekräftigten sie, als ihre Botschafter auf Initiative der Sowjetunion am 11. Dezember 1989 in Berlin zusammenkamen. Sie trafen sich symbolträchtig im Gebäude des Alliierten Kontrollrats, der seit März 1948 nicht mehr getagt hatte. Obwohl konkrete Beschlüsse nicht gefasst wurden, war die Bundesregierung über das Treffen verstimmt. Für sie kam es darauf an, dass die Verhandlungen über die Zukunft Deutschlands nicht über die Köpfe der Regierungen in Bonn und Ostberlin hinweg geführt wurden.

In den folgenden Wochen konnten die vier Siegermächte dazu bewegt werden, Verhandlungen über die Wiedervereinigung aufzunehmen. Michail Gorbatschow, der die Vereinigung noch im Dezember 1989 strikt abgelehnt hatte, signalisierte zwei Monate später seine grundsätzliche Zustimmung. Er hatte erkannt, dass die innenpolitische Dynamik in der

DDR, in der immer mehr Menschen die Einheit forderten, nicht mehr aufzuhalten war. Außerdem fehlte es ihm an einer deutschlandpolitischen Alternative. Er setzte daher darauf, den Prozess zu verlangsamen und vor allem die Einbindung eines geeinten Deutschlands in die NATO zu verhindern. Margaret Thatcher blieb – bis zum Schluss – bei ihrer skeptischen Haltung, doch konnte auch sie kein tragfähiges Alternativkonzept vorweisen. Zudem brach ihr mit François Mitterrand ein Verbündeter weg. Denn während dieser sich mit der Wiedervereinigung anfreunden konnte, wenn sie an eine Vertiefung des europäischen Integrationsprozesses gekoppelt war, lehnte die „Eiserne Lady" sowohl das eine als auch das andere ab.
Am Rande einer Konferenz der Außenminister der NATO und des Warschauer Paktes in der kanadischen Hauptstadt Ottawa einigten sich die vier Mächte, die Bundesrepublik und die DDR schließlich am 13. Februar 1990 auf Vorschlag des US-Außenministeriums auf die Formel „Zwei plus Vier" für die Verhandlungen zur Wiedervereinigung. Bundesaußenminister Hans-Dietrich Genscher hatte auf dieser Reihenfolge bestanden, die die beiden deutschen Staaten den vier Siegermächten voranstellte.
Die Zwei-plus-Vier-Gespräche der Außenminister fanden zwischen Mai und September 1990 in vier Verhandlungsrunden in Bonn, Ostberlin, Paris und Moskau statt. Für die USA nahm James Baker daran teil, für die Sowjetunion Eduard Schewardnadse, für Großbritannien Douglas Hurd, für Frankreich Roland Dumas und für die beiden deutschen Staaten Hans-Dietrich Genscher bzw. → Markus Meckel. An der dritten Konferenz im Juli wurde der polnische Außenminister beteiligt, da es hier auch um die Westgrenze Polens ging. Die wesentlichen Verhandlungspunkte waren Grenzfragen, die europäische Sicherheitsarchitektur, die Berlin-Frage sowie die Aufhebung des Viermächtestatus für Deutschland durch eine abschließende völkerrechtliche Regelung. Die tatsächliche Bedeutung der Zwei-plus-Vier-Gespräche war allerdings begrenzt. Die wesentlichen Entscheidungen wurden auf bi- oder trilateraler Ebene zwischen Washington, Bonn und Moskau getroffen.
Am 12. September wurde schließlich der „Vertrag über die abschließenden Regelungen in Bezug auf Deutschland", so der offizielle Name, in Moskau unterzeichnet. Die Vertragspartner bekannten sich zu einem geeinten und friedlichen Europa, zum Grundsatz der Gleichberechtigung

und Selbstbestimmung der Völker und zur Bereitschaft zur Abrüstung. Als Staatsgebiet des vereinigten Deutschlands wurde das Territorium der Bundesrepublik, der DDR und ganz Berlins festgelegt; die deutsche Seite verpflichtete sich zur völkerrechtlichen Anerkennung der Oder-Neiße-Grenze zu Polen und zum Verzicht auf Gebietsansprüche. Vereinbart wurden zudem sicherheitspolitische Regelungen, darunter der Verzicht Deutschlands auf atomare, biologische und chemische Waffen, eine Reduzierung der Streitkräfte auf 370.000 Mann sowie der Abzug der sowjetischen Truppen vom Territorium der DDR bis zum Jahr 1994. Dem wiedervereinigten Land wurde das Recht zugestanden, Bündnissen anzugehören. Mit dem Vertrag endete die Viermächteverantwortung für Berlin und Deutschland als Ganzes, das dadurch die „volle Souveränität über seine inneren und äußeren Angelegenheiten“ erlangte.

Der Vertrag musste durch die Unterzeichnerstaaten noch ratifiziert werden. In Kraft trat er erst am 15. März 1991, nachdem mit der Sowjetunion der letzte der Vertragspartner diesen Schritt vollzogen hatte. Damit wurde die Wiedervereinigung endgültig besiegelt. Zugleich trat das Abkommen an die Stelle eines Friedensvertrages, der nach dem Zweiten Weltkrieg nicht geschlossen worden war. Der Zwei-plus-Vier-Vertrag markiert somit auch das formale Ende der Nachkriegszeit.

Filmtipp | Zehn Jahre nach der Wiedervereinigung strahlte das ZDF das zweiteilige Dokudrama *Deutschlandspiel* aus. In einer Kombination aus Spielszenen, dokumentarischem Material und Interviews mit bekannten Entscheidungsträgern werden im zweiten Teil vor allem die internationalen Verhandlungen zur Deutschen Einheit dargestellt. Der prominent besetzte Film von Hans-Christoph Blumenberg ist auf DVD erhältlich.

Welchem politisch-militärischen Bündnis sollte das vereinigte Deutschland angehören?

Der umstrittenste Punkt der Verhandlungen über die Wiedervereinigung war die Frage der künftigen Bündniszugehörigkeit Deutschlands. Die

Bundesrepublik gehörte seit 1955 dem westlichen Bündnis, der NATO, an, die DDR war Mitglied des im selben Jahr gegründeten Warschauer Paktes unter Führung der Sowjetunion. Die Positionen der Westmächte und der Sowjetunion in der Bündnisfrage standen sich lange Zeit unversöhnlich gegenüber. US-Präsident George Bush hatte schon im November 1989 die Zugehörigkeit eines geeinten Deutschlands zur NATO zur Voraussetzung seiner Zustimmung zur Einheit gemacht. Umgekehrt verband KPdSU-Chef Michail Gorbatschow seine Zusage zur Wiedervereinigung vom Februar 1990 mit der kategorischen Ablehnung der NATO-Mitgliedschaft.

Sowohl Gorbatschow als auch Bush hatten gute Gründe für ihre jeweilige Haltung. Für die Sowjetunion hätte die Vollmitgliedschaft eines vereinten Deutschlands in der NATO die Machtverhältnisse in Europa grundlegend zu ihren Ungunsten verschoben. Der KPdSU-Chef stand zudem innenpolitisch unter Druck. Die USA wiederum hatten angesichts der Schwäche der Gegenseite wenig Anlass, weitreichende Zugeständnisse zu machen. Ein neutrales, blockfreies Deutschland hätte ihren Sicherheitsinteressen widersprochen. Die westeuropäischen Mächte wiederum sahen durch ein wirtschaftlich und politisch starkes geeintes Deutschland das Gleichgewicht in Europa bedroht und wollten es daher in die westliche Sicherheitsarchitektur eingebunden wissen.

Der Spielraum für Kompromisse war in den Verhandlungen der nächsten Monate gering. Im Mai kamen die USA der Sowjetführung mit einem Neun-Punkte-Katalog entgegen. Das Programm sah u. a. weitere Abrüstungsschritte und eine Stärkung der Konferenz über Sicherheit und Zusammenarbeit in Europa (KSZE) vor, in die die Sowjetunion und die Ostblockstaaten eingebunden waren. Auch sollte auf die Stationierung von NATO-Truppen auf dem Gebiet der DDR verzichtet werden. Die US-Regierung kündigte zudem eine Neuausrichtung der politischen und militärischen Strategie der NATO an. Parallel dazu bot die Bundesregierung der Sowjetunion, die sich in einer katastrophalen wirtschaftlichen Lage befand, finanzielle Unterstützung an. Am 31. Mai kam es während eines Besuchs Gorbatschows in Washington überraschend zum Durchbruch. Der KPdSU-Chef bejahte die Frage von US-Präsident Bush, ob Deutschland – wie alle anderen Staaten – seine Bündniszugehörigkeit frei wählen könne. Mit dieser Kehrtwende, die Gorbatschow in der anschließenden Pressekonferenz bestätigte, hatte niemand gerechnet.

Gorbatschows Zustimmung in Washington bedeutete indes nicht, dass die Zugehörigkeit eines geeinten Deutschlands zur NATO definitiv besiegelt war. Es folgten weitere Wochen zäher Verhandlungen mit dem als sprunghaft geltenden Generalsekretär. Darin ging es u. a. um die Frage, ob die endgültige Festlegung der Bündnisfrage vor oder nach der Herstellung der staatlichen Einheit erfolgen sollte. Der westlichen Seite musste in dieser Phase daran gelegen sein, Gorbatschow nicht weiter zu schwächen, um nicht seinen innerparteilichen Gegnern in die Hände zu spielen. Ein Wechsel an der Spitze der Sowjetunion hätte das gesamte Projekt Wiedervereinigung zum Scheitern bringen können. Mit Spannung wurde daher der Parteitag der KPdSU erwartet, der am 2. Juli 1990 begann. Parallel dazu bekräftigte die NATO auf ihrem Gipfel in London die angekündigte Neuausrichtung ihrer Strategie mit der Londoner Erklärung. Sie bot den Staaten des Warschauer Paktes eine Partnerschaft an und betonte die defensive Ausrichtung des Bündnisses. Künftig sollte die politische gegenüber der militärischen Komponente gestärkt werden mit dem Ziel, eine dauerhafte Friedensordnung in Europa zu schaffen. Gorbatschow, der auf dem Parteitag als Generalsekretär bestätigt wurde, reagierte positiv auf diese Initiative.

Die Bundesrepublik und die Sowjetunion handelten weitere Details zur Frage der Wiedervereinigung, der Bündniszugehörigkeit und des künftigen Umfangs der deutschen Streitkräfte aus. Dazu reisten Bundeskanzler Helmut Kohl und Außenminister Hans-Dietrich Genscher Mitte Juli in die Sowjetunion. Das dabei erzielte Einvernehmen und das vertrauensvolle Verhältnis zwischen den Verhandlungspartnern wurden öffentlichkeitswirksam inszeniert. Gorbatschow lud die deutsche Delegation zwischen den Verhandlungsrunden in seine kaukasische Heimat ein. Das Foto, auf dem er gemeinsam mit Kohl und Genscher lächelnd und in legerer Kleidung um einen zum Tisch umgebauten Baumstamm sitzt, ging um die Welt.

Endgültig fixiert wurde die Freiheit der Bündniswahl in Artikel 6 des Zwei-plus-Vier-Vertrags vom 12. September 1990. Nur wenige Tage zuvor hatte Gorbatschow den Preis für seine Zustimmung noch einmal in die Höhe getrieben. Die Bundesregierung stimmte schließlich zu, Kosten für den Ab- und Umzug der sowjetischen Truppen aus Ostdeutschland in Höhe von 12 Milliarden DM zu übernehmen und der Sowjetunion zusätzlich einen Kredit in Höhe von 3 Milliarden DM zu gewähren.

Abb. 7: Genscher, Gorbatschow und Kohl am 16.7.1990 in Gorbatschows Gästehaus in Archiz/Kaukasus

Was geschah mit den ehemaligen deutschen Ostgebieten?

Die Frage der polnischen Westgrenze gehörte zu den sensibelsten Punkten, die im Zuge des Vereinigungsprozesses geklärt werden mussten. Gemäß den Beschlüssen der Potsdamer Konferenz vom August 1945 gelangten nach Ende des Zweitens Weltkriegs die Territorien des Deutschen Reiches östlich von Oder und Neiße unter polnische, der nördliche Teil Ostpreußens unter sowjetische Verwaltung. Die deutsche Bevölkerung dieser Gebiete wurde aus ihrer Heimat vertrieben. Die DDR hatte die Oder-Neiße-Linie bereits 1950 als endgültige Staatsgrenze zu Polen anerkannt. Die Bundesrepublik erklärte sie 20 Jahre später im Warschauer Vertrag für unverletzlich und verzichtete auf Gebietsansprüche. Die völkerrechtliche Anerkennung der Grenze durch ein geeintes Deutschland blieb jedoch einem noch zu schließenden Friedensvertrag vorbehalten.

Mit der sich abzeichnenden Wiedervereinigung musste die Grenzfrage abschließend geklärt werden. Dabei stellte kaum jemand die Oder-Neiße-Linie als Westgrenze Polens ernsthaft in Frage. Auf politischer Ebene war das Thema weder in den beiden deutschen Staaten noch auf internationaler Ebene strittig. Trotzdem erwies sich der konkrete Weg zur Anerkennung als kompliziert. Noch am Tag vor dem Mauerfall hatte der Deutsche Bundestag in einer Resolution das Recht des polnischen Volkes auf sichere Grenzen anerkannt, das auch künftig nicht von deutschen Gebietsansprüchen bedroht werde. Eine Woche später bekräftigte Bundeskanzler Helmut Kohl während seines Staatsbesuchs in Polen den Warschauer Vertrag in einer gemeinsamen Erklärung mit Ministerpräsident Tadeusz Mazowiecki als „festes Fundament" der gegenseitigen Beziehungen. Eine ausdrückliche Erwähnung der Grenze vermied er jedoch. Auch in seinem zwei Wochen später verkündeten 10-Punkte-Programm fand die Grenze keine Erwähnung. Kohl begründete dies damit, dass er die Oder-Neiße-Grenze formal nicht vor der Wiedervereinigung bestätigen könne. Zudem spielten innenpolitische Rücksichtnahmen eine Rolle: Der Kanzler wollte die Vertriebenen als wichtige Wählerklientel der CDU/CSU nicht vor den Kopf stoßen. Welche Rolle diese in der deutschen Politik immer noch spielten, hatte sich gezeigt, als immerhin 26 Abgeordnete der Union gegen die Bundestagsresolution vom 8. November stimmten.

Kohls uneindeutige Rhetorik in dieser Frage sorgte nicht nur in Polen, sondern auch international für Irritation. Besonders aktiv unterstützte Frankreich die polnische Position, die Grenzfrage *vor* der Wiedervereinigung abschließend zu regeln. Die Haltung des Bundeskanzlers stieß auch bei DDR-Außenminister → Markus Meckel, bei der Opposition und beim Koalitionspartner FDP auf Kritik. In den folgenden Monaten sorgte das Thema immer wieder für Misshelligkeiten, die auch durch weitere Versuche des Entgegenkommens von Seiten der Bundesregierung nicht beseitigt wurden: Eine am 8. März 1990 mit den Stimmen der Regierungskoalition verabschiedete Erklärung des Bundestags ging über die Resolution vom 8. November kaum hinaus. Die polnische Regierung erkannte darin zwar einen „Schritt in die richtige Richtung", empfand sie aber als unzureichend. Scharf kritisiert wurde seitens der SPD, dass Kohl das Thema im Vorfeld mit der – längst geklärten – Frage des polnischen Verzichts auf Reparationen verknüpft hatte.

Erfolgreicher war ein Vermittlungsversuch von US-Präsident George Bush. Auf seine Initiative hin einigten sich die polnische und die Bundesregierung informell auf eine Sprachregelung für einen nach der Wiedervereinigung zu schließenden Grenzvertrag. Am 21. Juni verabschiedeten die DDR-Volkskammer und der Bundestag einen gleichlautenden Beschluss, in der sie die Gültigkeit der bestehenden polnischen Westgrenze bestätigten und ihre dauerhafte Garantie durch einen völkerrechtlichen Vertrag ankündigten. Dieser Vertrag wurde schließlich am 14. November 1990 unterzeichnet.

Damit endete ein schwieriges Kapitel der Verhandlungen zur deutschen Einheit. In der Sache hatte es zwischen Deutschland und Polen hinsichtlich der Grenze nie einen Dissens gegeben, Uneinigkeit bestand lediglich in der Frage des Vorgehens. Helmut Kohls formaljuristische Argumentation trug der politischen Dimension des Problems nicht ausreichend Rechnung. Und die polnische Sensibilität in dieser Angelegenheit war bei einem Land, das bereits mehrfach unter den benachbarten Großmächten aufgeteilt worden war und das in besonderem Maße unter dem 50 Jahre zuvor von Deutschland angezettelten Zweiten Weltkrieg gelitten hatte, nur zu verständlich.

Die Wiedervereinigung und ihre Folgen

Die Wiedervereinigung bedeutete natürlich auch eine Reihe von Abschieden: Die Volkskammer tagte zum letzten Mal, die Ständigen Vertretungen stellten ihre Tätigkeit ein, die Nationale Volksarmee wurde aufgelöst. Besonders umstritten war der Umgang mit den Stasi-Akten sowie die Frage des Regierungssitzes des vereinten Deutschland.

Wie wurde die Wiedervereinigung vollzogen?

Um den genauen Termin für die Wiedervereinigung wurde lange gerungen. Zunächst war der 2. Dezember 1990 anvisiert worden, zeitgleich sollten gesamtdeutsche Wahlen stattfinden. Die Parlamente in den fünf wiedergegründeten Ländern der DDR sollten bereits am 14. Oktober gewählt werden. Im Verlauf des Sommers gelangte DDR-Ministerpräsident → Lothar de Maizière jedoch zu der Erkenntnis, dass die wirtschaftliche Lage der DDR ein Vorziehen des Beitritts zur Bundesrepublik erforderlich machte. Er schlug daher vor, die Einheit und die gesamtdeutschen Wahlen zeitgleich mit den Landtagswahlen stattfinden zu lassen. Die dafür erforderliche Zweidrittelmehrheit im Bundestag kam aber nicht zustande. Schließlich wurde entschieden, die Wiedervereinigung und die gesamtdeutschen Wahlen zeitlich zu trennen. Am 23. August beschloss die Volkskammer schließlich den Beitritt der DDR zum 3. Oktober, im Hinblick auf den Wahltermin blieb es beim 2. Dezember.

Dem eigentlichen Vollzug der Einheit gingen zahlreiche Abschiede voraus. Am 2. Oktober tagte die Volkskammer zum letzten Mal und löste sich mit einer Festveranstaltung auf. Die letzte Rede hielt → Jens Reich vom Bündnis 90, das Schlusswort hatte Präsidentin → Sabine Bergmann-Pohl. Die Ständigen Vertretungen in Ost-Berlin und in Bonn stellten ihre Tätigkeit ebenso ein wie die Botschaften der DDR im Ausland. Der Berliner Senat verabschiedete die drei Stadtkommandanten der Westalliierten, deren Funktion als Träger der höchsten Gewalt in Westberlin endete. Die Nationale Volksarmee wurde aufgelöst und ihre Angehörigen dem Kommando der Bundeswehr unterstellt. Ein letztes Mal tauschten die beiden deutschen Regierungen Noten aus, in denen festgestellt wurde, dass die Voraussetzungen für die Einheit geschaffen waren.

Am Abend des 2. Oktober lud Lothar de Maizière zu einem Festakt im Berliner Schauspielhaus auf dem Gendarmenmarkt ein. Kurt Masur, der knapp ein Jahr zuvor, am 9. Oktober 1989, mit dazu beigetragen hatte, dass die Situation während der Demonstration in Leipzig nicht eskalierte, dirigierte die 9. Sinfonie von Ludwig van Beethoven. Am gleichen Abend wandten sich sowohl de Maizière als auch Bundeskanzler Helmut Kohl in Fernsehansprachen an die Bevölkerung. Beide bekundeten große Freude und Dankbarkeit angesichts der Wiedervereinigung. Doch während Kohl die Erfüllung eines Traums beschwor, mischten sich in de Maizières Ansprache nachdenklichere Töne. Er betonte, dass der Abschied von der DDR bei aller Freude über die Überwindung der Diktatur vielen Ostdeutschen schwerfallen würde, da sie einen Teil ihrer Identität darstelle. Er appellierte zudem daran, die Vollendung der Deutschen Einheit, die mit dem Beitritt noch nicht abgeschlossen sei, als gemeinsame Aufgabe aller Deutschen zu betrachten.

Parallel zum Festakt begannen in zahlreichen deutschen Städten Volksfeste. Um Mitternacht schließlich wurde vor dem Reichstagsgebäude in Berlin die Bundesflagge hochgezogen, im Schöneberger Rathaus erklang die Freiheitsglocke. In Anwesenheit von mehreren hunderttausend Besuchern sowie zahlreichen Politikern und Diplomaten erklärte Bundespräsident Richard von Weizsäcker die Einheit Deutschlands für vollendet. Begleitet von einem großen Feuerwerk wurde anschließend die deutsche Nationalhymne angestimmt.

Am nächsten Morgen richtete von Weizsäcker in der Berliner Philharmonie einen Staatsakt aus. In seiner Rede verlieh er seiner Überzeugung Ausdruck, dass das Erreichen der inneren Einheit weniger von Verträgen als vielmehr von der Bereitschaft der Menschen zur Offenheit, zur Zuwendung und zum Teilen abhinge. Zudem unterstrich er, dass die Deutsche Einheit Teil eines gesamteuropäischen Einigungsprozesses mit dem Ziel der Schaffung einer neuen Friedensordnung sei. Neben dem Bundespräsidenten hielten auch Sabine Bergmann-Pohl als letztes Staatsoberhaupt der DDR, Bundestagspräsidentin Rita Süssmuth sowie der Regierende Bürgermeister von Berlin, Walter Momper, Ansprachen.

Am folgenden Tag konstituierte sich im Reichstagsgebäude der erste gesamtdeutsche Bundestag, in den 144 Abgeordnete aus der Volkskammer aufgenommen wurden. Fünf Mitglieder der letzten DDR-Regierung, unter ihnen Lothar de Maizière, Sabine Bergmann-Pohl und → Günther Krause, traten als Minister für besondere Aufgaben in die Bundesregierung unter Helmut Kohl ein.

Linktipp | Anlässlich des 25. Jahrestages der Deutschen Einheit hat das Bundesarchiv ein vielfältiges Dossier mit Dokumenten, Bildern, Plakaten, Filmen und O-Tönen zur Geschichte der Wiedervereinigung zusammengestellt: http://wiedervereinigung.bundesarchiv.de/.

Wann wurde über die Hauptstadtfrage entschieden?

Bis zum Jahr 1945 war Berlin die Hauptstadt des Deutschen Reiches gewesen. Mit der doppelten Staatsgründung vier Jahre später stellte sich in Ost und West die Frage des Regierungssitzes. Während sich die DDR-Regierung in Ostberlin niederließ, das in ihrem Sprachgebrauch fortan als „Hauptstadt der DDR“ firmierte, war Westberlin für die Bundesrepublik keine Option. Neben dem Viermächtestatus sprach auch die Insellage der Teilstadt dagegen. Im Mai 1949 entschied der Parlamentarische Rat mit knapper Mehrheit zugunsten der nordrhein-westfälischen Stadt Bonn als Regierungssitz. Der Bundestag bestätigte diesen Beschluss wenige Monate später, bekräftigte aber zugleich, dass die Regierung ihren Sitz nach Berlin verlegen würde, sobald in der Sowjetischen Besatzungszone freie Wahlen stattgefunden hätten. Bonn galt somit nur als provisorischer Regierungssitz und erhielt erst 1970 den Titel „Bundeshauptstadt“.

Im Jahr 1990 stellte sich die Frage nach dem Regierungssitz des vereinten Deutschlands erneut. Als Hauptstadt wurde bereits im Einigungsvertrag Berlin festgelegt, die Entscheidung über den Sitz von Parlament und Regierung aber auf die Zeit nach der Wiedervereinigung vertagt. In den folgenden Monaten entspannte sich dazu eine breite politische und mediale Diskussion, in der sowohl symbolpolitische und historische als auch pragmatisch-finanzielle Argumente zum Tragen kamen. Für die Beibehaltung Bonns als Regierungssitz wurde die Bedeutung der Stadt für die 40 Jahre lang erfolgreiche Demokratie in der Bundesrepublik ins Feld geführt. Dagegen stünde Berlin für unselige obrigkeitsstaatliche Traditionen der deutschen Geschichte. Zudem würde die Aufteilung der Verfassungsorgane auf verschiedene Standorte dem föderalen Prinzip der Bundesrepublik eher gerecht, während ein Regierungssitz in Berlin eine Sogwirkung zuungunsten anderer Regionen entfalten könne. Argumentiert wurde auch mit den Kosten, die die Verlegung des Regierungssitzes verursachen würde, mit dem Wegfall von Arbeitsplätzen für die Region sowie mit den Belastungen, die ein Umzug für die zahlreichen Mitarbeiter der Ministerien bedeute.

Die Berlin-Befürworter betonten gegenüber solchen pragmatischen Argumenten die historische Dimension der Entscheidung. Berlin als Sitz von Parlament und Regierung stelle ein Bekenntnis zur ganzen deutschen Geschichte und für einen historischen Neubeginn dar. Zugleich wäre dies ein Signal an die ostdeutsche Bevölkerung, dass die Wiedervereinigung *allen* Deutschen Veränderungen abverlange. Berlin stünde nicht nur symbolisch für die Überwindung der Teilung, sondern sei auch Kristallisationspunkt des Zusammenwachsens der Deutschen in West und Ost. Angeführt wurde zudem der mehrmals erneuerte Bundestagbeschluss von 1949, der die Verlegung des Regierungssitzes nach Berlin im Falle einer Wiedervereinigung vorsah. Die Argumente der Bonn-Befürworter wurden demgegenüber als „provinziell" und an kurzfristigen Erwägungen orientiert abgewertet.

Der Riss zwischen Berlin- und Bonn-Befürwortern ging quer durch die Parteien. Dabei hatte Berlin mit Bundeskanzler Helmut Kohl, SPD-Fraktionschef Hans-Jochen Vogel, Außenminister Hans-Dietrich Genscher (FDP) sowie Altkanzler Willy Brandt die prominenteren Fürsprecher auf seiner Seite. Für Bonn sprachen sich unter anderem Arbeitsminister Norbert Blüm (CDU) und Finanzminister Theo Waigel (CSU) aus. Während Umfragen unter der deutschen Bevölkerung keine eindeutige Präferenz ergaben, schien eine Mehrheit der Abgeordneten lange Zeit Bonn zu favorisieren.

Als Termin für die Beschlussfassung im Bundestag wurde der 20. Juni 1991 festgelegt. Versuche, einen konsensfähigen Kompromiss zu finden, waren im Vorfeld gescheitert, so dass es auf eine Entscheidung zwischen Bonn und Berlin hinauslief. Der Abstimmung, für die der Fraktionszwang aufgehoben war, ging eine elfstündige, teilweise emotional geführte Debatte voraus. Die Entscheidung fiel schließlich mit der knappen Mehrheit von 338 zu 320 Stimmen für Berlin. Das Ergebnis kam überraschend, hatte doch nur wenige Tage zuvor eine Umfrage unter den Abgeordneten eine klare Mehrheit für Bonn ergeben. Vielfach wird die leidenschaftliche Rede von Innenminister Wolfgang Schäuble als ausschlaggebend angeführt. Von Bedeutung war aber auch, dass der Berlin-Antrag Bonn gegenüber größere Zugeständnisse machte als umgekehrt. Er sah u. a. eine „faire Arbeitsteilung" zwischen den beiden Städten vor, ein Großteil der ministeriellen Arbeitsplätze sollte der Stadt am Rhein erhalten bleiben.

Konkretisiert wurde der Bundestagsbeschluss im April 1994 im Berlin/Bonn-Gesetz. Es sah vor, dass acht der 18 Ministerien ihren Hauptsitz in Bonn behielten und zusätzlich eine Reihe von Bundesbehörden dorthin verlegt wurden. Bis zum Umzug von Regierung und Parlament sollten aber noch weitere fünf Jahre vergehen. Für den politischen Neuanfang, den manche Beobachter damit verbanden, wurde der Begriff „Berliner Republik" geprägt.

Linktipp | Die vollständige Debatte mit den zur Abstimmung stehenden Anträgen, der Rednerliste und den Ergebnissen der namentlichen Abstimmung findet sich auf der Website des Deutschen Bundestags: www.bundestag.de/parlament/geschichte/debatte.

Was wurde aus der SED?

Als am 3. Dezember 1989 das Zentralkomitee (ZK) und das Politbüro der SED ihre Selbstauflösung beschlossen, stellte sich die Frage nach der Zukunft der ehemaligen Staatspartei. Ein aus einigen reformorientierten Mitgliedern gebildeter Arbeitsausschuss berief für den 8./9. Dezember einen Sonderparteitag ein. Auf der Versammlung, an der über 2.700 Delegierte teilnahmen, wurde erstmals in der Geschichte der SED offen und kontrovers diskutiert. Dem Arbeitsausschuss um den 41-jährigen, rhetorisch gewandten Rechtsanwalt → Gregor Gysi und den Rektor der Filmhochschule Babelsberg Lothar Bisky gelang es, Forderungen von Seiten der Basis nach Auflösung und Neugründung der Partei abzuwenden. Gysi warnte vor einem politischen Vakuum, das die gegenwärtige Krise nur verschärfen würde. Zudem wären im Falle einer Auflösung auf einen Schlag sämtliche Mitarbeiter des Parteiapparats arbeitslos geworden und die Partei hätte ihr beträchtliches Vermögen verloren. Stattdessen beschlossen die Delegierten einen radikalen Bruch mit der stalinistischen Vergangenheit und den zentralistischen Strukturen der SED. Die Partei bekannte sich zum demokratischen Sozialismus und beschloss ihre Umbenennung in SED-PDS (Partei des Demokratischen Sozialismus). Zum neuen Vorsitzenden wurde Gregor Gysi gewählt. Dem neugewählten 101-köpfigen Vorstand gehörten nur vier ehemalige Mitglieder des ZK an, unter ihnen Ministerpräsident → Hans Modrow. Außerdem wurden der Dresdner Oberbürgermeister Wolfgang Berghofer, der spätere Parteichef Lothar Bisky sowie der Schriftsteller Landolf Scherzer in den Vorstand gewählt.

Der massenhafte Austritt von Mitgliedern hielt jedoch auch nach dem Parteitag ebenso an wie Forderungen nach der Auflösung der SED – sowohl aus den Reihen der Mitglieder als auch von Demonstranten. Der Parteivorstand bemühte sich, das neue Selbstverständnis durch innere Reformen zu untermauern. Der Parteiapparat wurde verkleinert, zahlreiche politisch belastete Funktionäre abgelöst und fast sämtliche früheren Mitglieder des Politbüros aus der Partei ausgeschlossen. Zudem wurden 33 Genossen, die in der Vergangenheit mit Parteistrafen belegt worden waren, rehabilitiert. Vor allem aber überführte die SED einen Großteil der parteieigenen Betriebe, Verlage und sonstigen Unternehmen in Volkseigentum, rund 3 Milliarden Mark aus dem Parteivermögen führte sie an die Staatskasse ab. Auch danach verfügte die Partei noch über ein erhebliches Vermögen, dessen Verbleib über Jahre hinweg verschiedene Ausschüsse und Kommissionen beschäftigte und nie vollständig geklärt werden konnte. Um ihren Wandlungsprozess auch nach außen deutlich zu machen, verzichtete sie ab dem 4. Februar 1990 auf das Kürzel SED und nannte sich fortan nur noch PDS.

Bei den Wahlen zur Volkskammer am 18. März schnitt die ehemalige Staatspartei mit 16,4 Prozent überraschend gut ab und wurde drittstärkste Kraft. Bei der ersten gesamtdeutschen Wahl ein dreiviertel Jahr später profitierte sie von den getrennten 5-Prozent-Hürden in den neuen und den alten Bundesländern und konnte trotz eines Ergebnisses von nur 2,4 Prozent mit 17 Abgeordneten in den Bundestag einziehen, da sie im Osten auf 11,1 Prozent der Stimmen gekommen war. Auch in den folgenden Jahren blieb sie eine weitgehend auf Ostdeutschland beschränkte Regionalpartei, die sich als Anwältin der Interessen der ehemaligen DDR-Bürger verstand. Im Westen Deutschlands kam sie bis 2005 weder bei Landtags- noch bei Bundestagswahlen auch nur in die Nähe der 5-Prozent-Marke. Dagegen erreichte sie im Osten stets zweistellige Ergebnisse und übernahm als Juniorpartner der SPD auch Regierungsverantwortung, zuerst 1998 in Mecklenburg-Vorpommern. Innerparteilich prägten bisweilen heftig ausgetragene Flügelkämpfe zwischen pragmatischen und radikaleren Kräften diese Phase.

Zur Bundestagswahl 2005 ging die PDS ein Wahlbündnis mit der Wahlalternative Arbeit und Soziale Gerechtigkeit (WASG) ein. Diese hatte sich in Reaktion auf die umstrittenen Sozialreformen („Agenda 2010") von Bundeskanzler Gerhard Schröder (SPD) aus ehemaligen Sozialdemokraten, Gewerkschaftern und anderen linken Kräften gebildet. Die PDS benannte sich in Linkspartei.PDS um und öffnete ihre Listen für Mitglieder der WASG. Auf diese Weise erreichte sie mit 8,7 Prozent ihr bisher bestes Ergebnis bei einer Bundestagswahl. Im Jahr 2007 fusionierten Linkspartei und WASG zur Partei Die Linke. Diese zog in den folgenden Jahren auch in mehrere westdeutsche Landesparlamente ein. Seit 2014 stellt sie in Thüringen mit Bodo Ramelow erstmals einen Ministerpräsidenten. Obwohl sie im Osten nach wie vor deutlich stärker ist als im Westen, hat sich Die Linke mittlerweile als gesamtdeutsche Partei etabliert. Als Nachfolgepartei der ehemaligen DDR-Staatspartei SED sieht sie sich jedoch immer wieder Kritik wegen ihrer Vergangenheit ausgesetzt.

Literaturtipp | Der Historiker Thorsten Holzhauser hat jüngst eine umfassende Geschichte der SED-„Nachfolgepartei" PDS von der Umbenennung bis zu ihrem Zusammengehen mit der Wahlalternative Soziale Gerechtigkeit vorgelegt, die mittlerweile auch als Taschenbuch erhältlich ist: *Die „Nachfolgepartei". Die Integration der PDS in das politische System der Bundesrepublik Deutschland 1990–2005,* Berlin 2021.

Welche Partei gewann die ersten gesamtdeutschen Wahlen?

Unabhängig von der Wiedervereinigung standen um die Jahreswende 1990/91 turnusmäßig Wahlen zum Deutschen Bundestag an. Als Termin wurde der 2. Dezember angesetzt. Ursprünglich sollte am gleichen Tag die Deutsche Einheit vollzogen werden, der ostdeutsche Ministerpräsident → Lothar de Maizière drängte aber auf einen früheren Termin. Für eine Vorverlegung der Wahl wäre eine Zweidrittelmehrheit zur vorzeitigen Auflösung des Parlaments notwendig gewesen, die aber nicht zustande kam. Daher wurde der ursprüngliche Wahltermin beibehalten und vom Tag der Einheit abgekoppelt.

Die meisten westdeutschen Parteien hatten sich bereits vor dem 3. Oktober mit ihren jeweiligen Pendants in der DDR vereinigt. Den Anfang machte die FDP, die sich im August 1990 mit dem Bund Freier Demokraten (BFD) und zwei weiteren liberalen Parteien zusammenschloss. SPD-Ost und SPD-West fusionierten Ende September auf dem Berliner Parteitag. Nachdem bereits im Sommer die Demokratische Bauernpartei als ehemalige Blockpartei sowie die Bürgerrechtsbewegung Demokratischer Aufbruch in der Ost-CDU aufgegangen waren, schloss sich diese am Tag vor der

Wiedervereinigung mit ihrem westdeutschen Gegenüber zusammen. Die Deutsche Soziale Union (DSU) blieb als einziger Bündnispartner der Allianz für Deutschland eigenständig, wobei führende Kräfte zur CDU übergetreten waren. Im Westen verzichteten nur die Grünen auf ein Zusammengehen mit einer Partei aus der DDR. Damit glich sich die Parteienlandschaft im Wesentlichen der der alten Bundesrepublik an. Eine Ausnahme bildete die in Partei des Demokratischen Sozialismus (PDS) umbenannte SED, die einen westdeutschen Partner weder suchte noch fand.

Unter den Parteien umstritten war der Wahlmodus. Sollte die bisher in der Bundesrepublik bestehende 5-Prozent-Hürde nun für ganz Deutschland gelten oder waren getrennte Sperrklauseln für Ost und West einzurichten? Gegen die zunächst beschlossene gesamtdeutsche Klausel klagten mehrere kleinere Parteien. Das Bundesverfassungsgericht gab der Klage statt und das vereinigte Deutschland wurde in die Wahlgebiete West (alte Bundesländer und Westberlin) und Ost (neue Bundesländer und Ostberlin) aufgeteilt. Um in den Bundestag einzuziehen, genügte es, in einem der Gebiete die 5-Prozent-Hürde zu überspringen.

Der Wahlkampf war stark vom Prozess der Deutschen Einheit und von den Perspektiven für die neuen Bundesländer bestimmt. Da die Exekutive die Entwicklung der vergangenen Monate dominiert hatte, bedeutete dies einen Vorteil für die Regierungsparteien. Davon profitierte vor allem die CDU. Ihr Vorsitzender Helmut Kohl, der noch gut ein Jahr zuvor aufgrund schlechter Umfragewerte kurz vor dem Sturz durch die eigene Partei gestanden hatte, ließ sich nun als „Kanzler für Deutschland" feiern. Im Hinblick auf die wirtschaftliche Entwicklung im Osten verbreitete er Optimismus und prophezeite „blühende Landschaften"; Steuererhöhungen zur Finanzierung der Einheit schloss er aus.

Kohls Herausforderer, der saarländische Ministerpräsident Oskar Lafontaine (SPD), machte dagegen aus seiner skeptischen Haltung zur Einheit keinen Hehl. Er thematisierte offen die Probleme in den neuen Bundesländern, die steigende Arbeitslosigkeit und den drohenden Zusammenbruch der Industrie. Zudem wies er auf die mit der Wiedervereinigung verbundenen Kosten hin, die Steuererhöhungen und eine höhere Staatsverschuldung unausweichlich machten. Den Nerv der Zeit traf er mit dieser pessimistischen Haltung jedoch weder in Ost noch in West, wie das Wahlergebnis zeigte.

Die CDU/CSU konnte ihr Resultat von 1987 beinahe halten und gewann die Wahl mit großem Abstand vor der SPD, die dreieinhalb Prozentpunkte einbüßte. Die FDP profitierte insbesondere in Ostdeutschland von der Beliebtheit ihres Spitzenkandidaten, Außenminister Hans-Dietrich Genscher. In dessen Heimatstadt Halle errang sie zum ersten Mal seit 1961 sogar ein Direktmandat. Katastrophal war das Ergebnis der westdeutschen Grünen, die mit knapp 4 Prozent ihr Ergebnis von 1987 halbierten und den Einzug ins Parlament verpassten. Ihre ablehnende Haltung zur Einheit und die Fokussierung des Wahlkampfs auf ökologische Themen hatte sie ins politische Abseits befördert. Die Listenverbindung von Bündnis 90/Grüne in Ostdeutschland zog dank der getrennten Sperrklausel hingegen mit acht Abgeordneten in den Bundestag ein. Auch die PDS profitierte von dieser Regelung, erwies sich aber als Regionalpartei Ost, die im Westen kaum Wähler zu gewinnen vermochte.

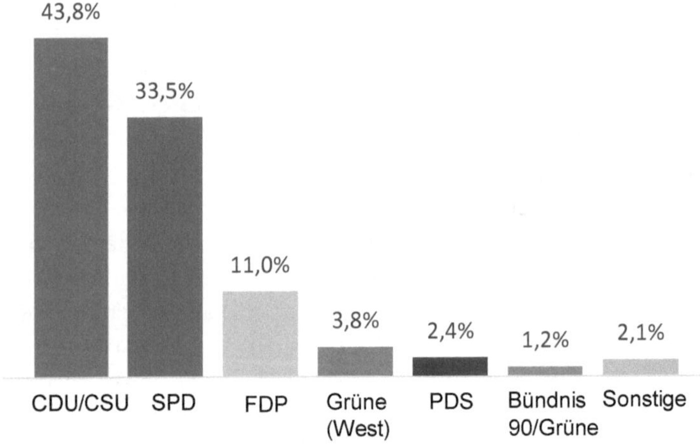

Abb. 8: Wahlergebnis Bundestagswahl gesamt (eigene Darstellung)
Quelle: www.bundeswahlleiter.de/bundestagswahlen/1990.html

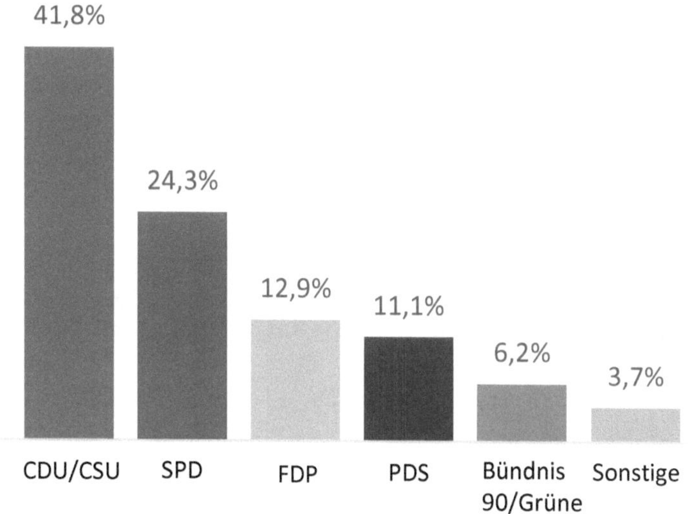

Abb. 9: Wahlergebnis Bundestagswahl Ost (eigene Darstellung)
Quelle: www.bundeswahlleiter.de/bundestagswahlen/1990.html

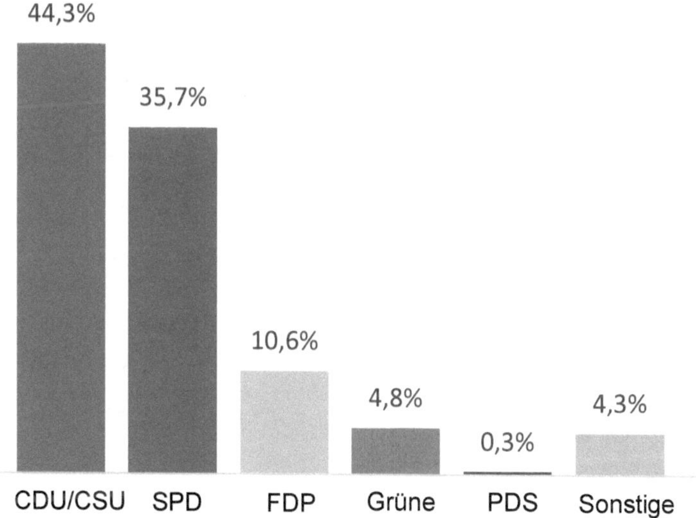

Abb. 10: Wahlergebnis Bundestagswahl West (eigene Darstellung)
Quelle: www.bundeswahlleiter.de/bundestagswahlen/1990.html

Am 17. Januar 1991 wählte der aus den ersten freien gesamtdeutschen Wahlen seit 1932 hervorgegangene Bundestag Helmut Kohl erneut zum Bundeskanzler. Die CDU/CSU konnte ihre Koalition mit der FDP fortsetzen. Die politischen Kräfteverhältnisse der Bundesrepublik hatten sich – mit Ausnahme des Sonderfalls PDS in Ostdeutschland – kaum verändert.

Was bedeutete die Formel „Rückgabe vor Entschädigung“?

Eines der kompliziertesten Probleme im Zusammenhang mit der Wiedervereinigung war der Umgang mit Enteignungen. In der sozialistischen DDR besaß der Schutz des Privateigentums einen geringeren Stellenwert als in der Bundesrepublik. Schon während der sowjetischen Besatzungszeit war es in Ostdeutschland zur Enteignung von Großgrundbesitzern und Unternehmern gekommen. In den 1950er-Jahren wurden sämtliche landwirtschaftlichen und die meisten Handwerks- und Gewerbetriebe unter Druck oder Zwang in Genossenschaften eingebracht. Zudem ließen zahlreiche Flüchtlinge ihre Immobilien zurück, die dann in der Regel vom Staat beschlagnahmt wurden. Andere Objekte mussten zu sehr niedrigen Preisen weit unter ihrem tatsächlichen Wert veräußert werden. 1990 standen nun die Ansprüche der ehemaligen Eigentümer den Rechten der neuen Besitzer gegenüber, juristische Argumente kollidierten mit historisch-politischen.

Die Dimension der ungeklärten Eigentumsfragen war erheblich: Betroffen waren mehr als die Hälfte der landwirtschaftlichen Fläche, über 40 Prozent der gewerblichen Anlagen sowie zahlreiche (Miets-)Häuser und Grundstücke. Am 1. März 1990 formulierte die Regierung von Ministerpräsident → Hans Modrow eine Erklärung, nach der die im Osten Deutschlands vor und nach 1949 vorgenommenen Enteignungen im Wesentlichen bestehen bleiben und so die gegenwärtigen Eigentumsverhältnisse festgeschrieben werden sollten. Ausnahmen sollte es lediglich für die Anfang 1972 durch Ministerratsbeschluss enteigneten kleinen und mittleren Privatbetriebe geben. Modrow argumentierte wie später auch sein Nachfolger → Lothar de Maizière damit, dass die betroffenen Häuser und Grundstücke mittlerweile für öffentliche Zwecke genutzt würden oder aber von DDR-Bürgern nach DDR-Recht redlich erworben worden seien. Da damit aber den verfassungsmäßig garantierten Eigentumsansprüchen zahlreicher Bundesbürger und den Interessen von DDR-Flüchtlingen nicht Rechnung getragen wurde, war diese Forderung für die Bundesregierung nicht akzeptabel.

Doch auch im Westen war den meisten politischen Akteuren klar, dass die Veränderungen der sozialen und wirtschaftlichen Verhältnisse in den 45 Jahren seit dem Ende des Zweiten Weltkriegs nicht vollständig rückgängig zu machen waren. Altes Unrecht, so eine häufige Formulierung, dürfe nicht durch neues Unrecht ersetzt werden, daher seien Kompromisse nötig. Nach langwierigen Verhandlungen verabschiedeten die Regierungen der Bundesrepublik und der DDR am 15. Juni 1990 eine gemeinsame Erklärung. Danach sollten die auf besatzungsrechtlicher Grundlage vorgenommenen Enteignungen bis 1949 nicht rückgängig gemacht werden. Diese Festlegung war schon deshalb praktisch unvermeidbar, weil die Sowjetunion darauf bestand, deren Zustimmung es für die Deutsche Einheit bedurfte. Den betroffenen Alteigentümern wurden lediglich „Ausgleichszahlungen" in Aussicht gestellt, über die aber erst der gesamtdeutsche Bundestag zu entscheiden hatte.

Für die nach 1949 vorgenommenen Enteignungen verständigte man sich auf das Prinzip „Rückgabe vor Entschädigung". Konkret bedeutete der Grundsatz, dass der enteignete Besitz in der Regel an die ehemaligen Eigentümer bzw. ihre Erben zurückzugeben war. Ausnahmen galten für den Fall, dass eine Rückgabe „von der Natur der Sache her nicht möglich" war. Dies betraf etwa Grundstücke und Gebäude, die inzwischen öffentlich oder gewerblich genutzt wurden oder die in einen komplexen Wohnungs- und Siedlungsbau einbezogen waren. In diesen Fällen sollten die Alteigentümer entschädigt werden. Entschädigungen waren ebenfalls für diejenigen DDR-Bürger vorgesehen, die an den rückübertragenen Immobilien „Eigentum oder dingliche Nutzungsrechte in redlicher Weise erworben" hatten.

Das Prinzip „Rückgabe vor Entschädigung" war schon unter Zeitgenossen stark umstritten. Kritiker warnten davor, dass ungeklärte Eigentumsverhältnisse potenzielle Investoren abschrecken würden. Dieses Problem sollte durch später verabschiedete Gesetze abgemildert werden. Gravierender war das Argument, dass sich die ohnehin vorhandene soziale Schieflage zwischen Ost und West durch die Rückgabe von privatem Besitz an Alteigentümer aus der Bundesrepublik verschärfen würde. Tatsächlich fühlten sich viele DDR-Bürger, die durch Restitutionsverfahren ihr Wohn- oder Wochenendhaus an westdeutsche Alteigentümer abgeben mussten, nun ihrerseits „enteignet". Trotz des Bemühens um „sozial verträgliche" Kompromisse hat die Eigentumsfrage sicherlich zu Ressentiments von Ostdeutschen gegenüber den Bundesbürgern beigetragen. Im Rückblick ist allerdings festzuhalten, dass es in dieser Frage keine hundertprozentig gerechte und alle Beteiligten zufrieden stellende Lösung geben konnte.

Linktipp | Was die abstrakte Formel „Rückgabe vor Entschädigung“ für betroffene Hausbesitzer konkret bedeuten konnte, hat die Historikerin Kerstin Brückweh in einer Lokalstudie eingehend untersucht. Ihr Aufsatz findet sich auf den Seiten der Bundeszentrale für politische Bildung: www.bpb.de/themen/deutschlandarchiv/315013/unter-ostdeutschen-daechern-eine-lange-eigentumsgeschichte-der-wende.

Was geschah mit dem Erbe der Stasi?

Im September 1989 hatten Bürgerrechtler mit der Besetzung der ehemaligen Zentrale des Ministeriums für Staatssicherheit (MfS) durchgesetzt, dass die Akten der Geheimpolizei in Ostdeutschland verbleiben und – mit Einschränkungen – zugänglich gemacht würden. Konkrete Regelungen dazu wurden jedoch erst nach der Wiedervereinigung getroffen. Vorerst unterstanden die MfS-Akten → Joachim Gauck als vom letzten DDR-Parlament gewählten und am 3. Oktober von der Bundesregierung bestätigten „Sonderbeauftragten“. Gauck war zuvor bereits Vorsitzender des Sonderausschusses der Volkskammer zur Auflösung des Staatssicherheitsdienstes gewesen. Er stand vor einer großen Aufgabe: Ein gewaltiger Aktenberg der DDR-Geheimpolizei musste unter Abwägung des öffentlichen Interesses an ihrem Inhalt einerseits und dem Persönlichkeitsrecht der Betroffenen andererseits zugänglich gemacht werden. Zugleich musste eine Behörde, die diese Aufgabe übernehmen sollte, quasi aus dem Boden gestampft werden. Zunächst ging es allerdings darum, eine gesetzliche Grundlage für den Umgang mit dem Erbe der Stasi auszuarbeiten.

Das am 24. August 1990 von der Volkskammer der DDR verabschiedete Gesetz hatte Eckpunkte für den künftigen Umgang mit den Stasi-Unterlagen festgelegt. Für die praktische Umsetzung dieser Grundsätze bedurfte es jedoch präziserer Regelungen. Das Bundesarchivgesetz konnte nicht als Grundlage dienen, da es für die Besonderheiten der Akten einer Geheimpolizei, die vielfach auf grob rechtswidrigem Wege zustande gekommen waren, nicht ausgelegt war. Zudem sah und sieht das Bundesarchivgesetz in der Regel eine 30-jährige Sperrfrist vor, die Stasi-Unterlagen sollten aber unmittelbar zugänglich gemacht werden. Daher wurden eigene gesetzliche Bestimmungen ausgearbeitet, die am 29. Dezember 1991 als Stasi-Unterlagen-Gesetz (StUG) in Kraft traten. Das Gesetz sieht u. a. die Einsichtnahme in Unterlagen für persönlich durch Überwachung und Verfolgung durch das MfS Betroffene vor, etwa zum Zwecke der Rehabilitierung. Verwendet werden können die Akten auch für die politische und historische Aufarbeitung der Tätigkeit des MfS und der Funktionsmechanismen der DDR-Diktatur. Zudem ermöglicht das Gesetz die Überprüfung von Personen im Hinblick auf eine etwaige Tätigkeit als inoffizielle Mitarbeiter (IM) des MfS im Zusammenhang mit Einstellungen im öffentlichen Dienst. Schließlich enthält es Bestimmungen zum Schutz der Persönlichkeitsrechte von Betroffenen.

Mit dem Inkrafttreten des StUG wurde das Amt des Sonderbeauftragten in das des „Bundesbeauftragten für die Unterlagen des Staatssicherheitsdienstes der ehemaligen Deutschen Demokratischen Republik" (BStU) umgewandelt. In der Alltagssprache setzte sich statt dieses sperrigen Namens die Bezeichnung „Gauck-Behörde" nach dem ersten Amtsinhaber durch. Anfang 1992 begann die Akten-Einsicht. Zu den ersten, die ihre Unterlagen einsehen konnten, gehörten Bürgerrechtler und Dissidenten wie Katja Havemann, Jürgen Fuchs und Wolf Biermann. Sie waren – wie viele andere Betroffene – überrascht und entsetzt über das Ausmaß der heimlichen Überwachung durch die Geheimpolizei. In den folgenden Jahren konnten sich zahlreiche weitere Menschen Aufklärung über ihre Bespitzelung durch den DDR-Staatssicherheitsdienst verschaffen. Nicht selten war dies mit persönlichen Enttäuschungen verbunden, wenn Betroffene erfuhren, dass Angehörige, Freunde, Nachbarn, Kollegen oder sogar ehemalige Mitstreiter aus der Opposition als inoffizielle Mitarbeiter über sie berichtet hatten. Zugleich wurde eine Reihe von Prominenten aus Politik, Kultur, Sport und Medien als Zuträger des MfS enttarnt. Das Thema „Stasi" beherrschte vor allem in den 1990er-Jahren die öffentliche Diskussion über die DDR-Vergangenheit. Die Debatte wurde oft hitzig und kontrovers geführt, wozu auch die Skandalisierung von Einzelfällen durch die Medien beitrug. Die düstere Prophezeiung des letzten DDR-Ministerpräsidenten → Lothar de Maizière, wonach es „Mord und Totschlag" geben würde, sollten die Stasi-Akten geöffnet werden, hat sich allerdings nicht bewahrheitet.

Die Stasi-Unterlagen-Behörde hat ihre Arbeit unter Gaucks Nachfolgern, der Bürgerrechtlerin → Marianne Birthler und dem Dissidenten und späteren Journalisten Roland Jahn fortgesetzt. Bis Sommer 2020 sind über 7 Millionen Anträge auf Akteneinsicht und Auskunftsersuchen in der

Behörde eingegangen. Zahlreiche Bücher, Fernsehdokumentationen und Spielfilme befassen sich mit dem Thema „Stasi“. Spektakuläre Enthüllungen sind seltener geworden, doch über die Tätigkeit der früheren Geheimpolizei und ihre Bedeutung für die Geschichte des geteilten Deutschlands wird nach wie vor kontrovers diskutiert.

Linktipp | Am 17. Juni 2021 wurde die Stasi-Unterlagen-Behörde aufgelöst und das Stasi-Unterlagen-Archiv in das Bundesarchiv überführt. Es bleibt aber als eigenständiges Archiv sichtbar. Nähere Informationen zur Geschichte des DDR-Staatssicherheitsdienstes, zum Archiv und zur Akteneinsicht finden sich unter www.stasi-unterlagen-archiv.de. Zeitgleich wurde das Amt der Bundesbeauftragten für die Opfer der SED-Diktatur geschaffen. Zur ersten SED-Opferbeauftragten wurde die frühere DDR-Oppositionelle Evelyn Zupke gewählt. Siehe www.bundestag.de/sed-opferbeauftragte.

Entwickelten sich in den neuen Bundesländern „blühende Landschaften“?

Ende der 1980er-Jahre lag die DDR wirtschaftlich am Boden. Der Staat war überschuldet, die Arbeitsproduktivität gering und die Industriebetriebe angesichts über Jahrzehnte ausgebliebener Investitionen marode. Die Folgen der desolaten Wirtschaftslage waren überall im Osten Deutschlands sichtbar: Betriebsstätten und Infrastruktur waren heruntergekommen, die Altbausubstanz der Innenstädte verfiel, Luft, Boden und Gewässer nicht nur in Industrieregionen waren stark verschmutzt. Als die politische Entwicklung nach dem Fall der Mauer immer rascher auf eine Vereinigung der beiden deutschen Staaten zulief, war nicht abzusehen, wie sich die ostdeutsche Wirtschaft in einem vereinigten Deutschland mittelfristig entwickeln würde. Die einen befürchteten zahlreiche Pleiten und hohe Arbeitslosigkeit sowie die Notwendigkeit enormer Transferleistungen aus dem Westen. Andere erwarteten durch die Einführung der Marktwirtschaft nach einer kurzen Talsohle ein „zweites Wirtschaftswunder“ in Ostdeutschland.

Zu den Optimisten im Hinblick auf die wirtschaftliche Entwicklung in Ostdeutschland gehörte Bundeskanzler Helmut Kohl. In seiner Fernsehansprache zum Inkrafttreten der von ihm maßgeblich vorangetriebenen Wirtschafts-, Währungs- und Sozialunion am 1. Juli 1990 äußerte er:

> „Durch eine gemeinsame Anstrengung wird es uns gelingen, Mecklenburg-Vorpommern und Sachsen-Anhalt, Brandenburg, Sachsen und Thüringen schon bald wieder in blühende Landschaften zu verwandeln, in denen es sich zu leben und zu arbeiten lohnt."

Natürlich war die Aussage auch dem Zweckoptimismus des Regierungschefs und wahlkampftaktischen Überlegungen geschuldet. Die „blühenden Landschaften" entwickelten sich jedoch bald zu einem geflügelten Wort, das auf seinen Urheber zurückfiel. Denn die tatsächliche Entwicklung in den neuen Bundesländern war lange Zeit von wirtschaftlichem Abschwung, hoher Arbeitslosigkeit und Abwanderung geprägt.

Die „Schocktherapie", die die Wirtschafts- und Währungsunion für Ostdeutschland bedeutete, führte zunächst einmal zum wirtschaftlichen Absturz. Die Industrieproduktion war schon im Oktober 1990 auf die Hälfte des Niveaus von 1989 gesunken, zwei Jahre später lag sie bei gut einem Drittel. 1992 war der Tiefpunkt überwunden und die Wirtschaft in den neuen Bundesländern verzeichnete bis Mitte der 1990er-Jahre zweistellige Wachstumsraten. Danach pendelte sich das Wirtschaftswachstum in etwa auf das westdeutsche Niveau ein, absolut gesehen hinkte die Wirtschaftsleistung in Ostdeutschland der westdeutschen aber weiterhin deutlich hinterher. Die für die Bevölkerung wohl gravierendste Folge der krisenhaften Entwicklung war die hohe Arbeitslosigkeit. Bis 1993 gingen die Beschäftigungszahlen in den neuen Bundesländern um ein Drittel zurück, die Arbeitslosenquote lag in den 1990er- und 2000er-Jahren durchgehend im zweistelligen Bereich und durchschnittlich doppelt so hoch wie in den alten Ländern. Dabei waren die zahlreichen Menschen, die sich in Kurzarbeit, in Umschulungs- oder Arbeitsbeschaffungsmaßnahmen befanden, noch gar nicht mitgerechnet. Für viele ehemalige DDR-Bürger, die Vollbeschäftigung und das „Recht auf Arbeit" gewohnt waren, stellte der Verlust des Arbeitsplatzes eine traumatische Erfahrung dar. Die schlechte wirtschaftliche Lage und die fehlenden beruflichen Perspektiven ließen zahlreiche, vor allem junge, weibliche und gut ausgebildete Ostdeutsche in den Westen abwandern. Bis heute beträgt das Abwanderungssaldo rund 1,5 Millionen. Insbesondere ländliche Regionen und mittelgroße Städte litten und leiden stark unter dem Bevölkerungsrückgang.

Aus der Perspektive derjenigen Ostdeutschen, die in der Zeit nach der Wiedervereinigung ihren Job verloren und den Niedergang der DDR-Industrie sowie das Schrumpfen ihrer Heimatstadt erlebten, musste Kohls Rede von den „blühenden Landschaften“ wie Hohn klingen. Auf der anderen Seite waren die positiven Wirkungen der massiven Investitionen in Ostdeutschland Ende der 1990er-Jahre nicht zu übersehen: Zahlreiche Innenstädte wurden saniert, historische Altbauten vor dem Verfall gerettet und die Verkehrs- und Kommunikationsinfrastruktur modernisiert. Die CDU griff den alten Slogan im Bundestagswahlkampf 1998 sogar wieder auf und illustrierte ihn mit Fotos vom Leipziger Bahnhof, der Wismarer Innenstadt und anderen Vorzeigeprojekten. Gut 30 Jahre nach der Wiedervereinigung hat die ostdeutsche Wirtschaft stark aufgeholt und die Arbeitslosigkeit ist nur noch geringfügig höher als im Westen. Doch ist das ökonomische Gefälle zwischen Ost und West immer noch signifikant, von der vielfach postulierten „Angleichung der Lebensverhältnisse“ ist die Bundesrepublik noch weit entfernt. Dies gilt allerdings nicht nur zwischen Ost und West, sondern auch innerhalb Westdeutschlands, wenn man etwa das vom Strukturwandel betroffene Ruhrgebiet mit den Wachstumsregionen um München oder Stuttgart vergleicht.

Literaturtipp | 30 Jahre nach der friedlichen Revolution hat der Historiker Ilko-Sascha Kowalczuk eine kritische und viel diskutierte Bestandsaufnahme des Vereinigungsprozesses und seiner bis heute spürbaren Folgen veröffentlicht: *Die Übernahme. Wie Ostdeutschland Teil der Bundesrepublik wurde*, München 2019.

Aufarbeitung und Erinnerung

Auch wenn die DDR Geschichte ist: Die Erinnerung an die SED-Diktatur bleibt präsent – in Büchern, Spielfilmen und Dokumentationen, vor allem aber in den Köpfen der Menschen. Wie die DDR zu bewerten ist, ist bis heute umstritten. Über Aufarbeitung, Rechenschaft und den Nationalfeiertag.

Was bedeutet „Aufarbeitung" der SED-Diktatur?

Der Begriff „Aufarbeitung" stammt ursprünglich aus dem Umgang mit der nationalsozialistischen Diktatur und meint die politische, gesellschaftliche und juristische Auseinandersetzung mit den in der NS-Zeit verübten Verbrechen. Er löste seit den 1980er-Jahren allmählich den zuvor gebräuchlichen Begriff „Vergangenheitsbewältigung" ab. Dieser war in die Kritik geraten, da er implizierte, die (NS-)Vergangenheit könne nach einer gewissen Zeit „bewältigt", also endgültig erledigt werden. Mit „Aufarbeitung der Vergangenheit" ist dagegen ein prinzipiell unabschließbarer Prozess gemeint. Wer diesen Begriff benutzt, der auf den Sozialphilosophen Theodor W. Adorno zurückgeht, wendet sich gegen Bestrebungen, einen „Schlussstrich" unter die Vergangenheit zu ziehen.

Seit 1990 wird der Begriff „Aufarbeitung" auch für den Umgang mit dem Erbe der sozialistischen Diktatur verwendet. Im wiedervereinigten Deutschland wollte man die nach dem Ende des NS-Zeit gemachten Fehler im Hinblick auf eine Verdrängung von Schuld und Verantwortung vermeiden. Vor allem Bürgerrechtler und ehemalige politische Häftlinge, die besonders unter dem SED-Regime gelitten hatten, forderten, an das DDR-Unrecht zu erinnern und die Täter zur Rechenschaft zu ziehen. Schon früh bildeten sich an Orten der Repression Initiativen, die deren Geschichte dokumentierten. Bald entstanden erste Ausstellungen, zumeist mit bescheidenen Mitteln und weitgehend von ehrenamtlichem Engagement getragen. Als Träger bildeten sich Vereine wie die Antistalinistische Aktion (AStAk e. V.), die in Räumen der ehemaligen Stasi-Zentrale in Berlin-Lichtenberg die Forschungs- und Gedenkstätte Normannenstraße einrichtete, oder das Bürgerkomitee Leipzig e. V., das im Gebäude der Leipziger Bezirksverwaltung der Stasi das Museum „Runde Ecke" betreibt. Im November 1990 gründeten Bürgerrechtler aus dem Umfeld des Neuen Forums die nach dem verstorbenen Dissidenten benannte Robert-Havemann-Gesellschaft. Der Verein engagiert sich bis heute in der politischen Bildungsarbeit und hat ein umfangreiches Archiv zur Geschichte der DDR-Opposition aufgebaut.

Parallel zu diesen von bürgerschaftlichem Engagement getragenen Initiativen bemühte man sich auch von politischer Seite um die Aufarbeitung der DDR. Ein wichtiger Schritt war die Verabschiedung des Stasi-Unterlagen-Gesetzes durch den Bundestag, das die Verwendung der Akten des Ministeriums für Staatssicherheit regelte. Auf der Grundlage dieses Gesetzes setzten zu Beginn der 1990er-Jahre auch die neuen Bundesländer (mit

Ausnahme Brandenburgs, das erst 2009 nachzog) sowie das Land Berlin Beauftragte für die Stasi-Unterlagen ein. Diese Landesbeauftragten betätigen sich in der Opferberatung sowie in der historisch-politischen Bildung zum SED-Regime.

Im März 1992 setzte der Deutsche Bundestag die Enquete-Kommission „Aufarbeitung von Geschichte und Folgen der SED-Diktatur" ein. Die Kommission unter Vorsitz des Pfarrers → Rainer Eppelmann bestand aus sechzehn Abgeordneten und elf Sachverständigen, überwiegend Wissenschaftler und frühere Bürgerrechtler. Ihre Aufgabe war es, die DDR aus politisch-historischer und politisch-moralischer Perspektive zu bewerten, dabei Verantwortlichkeiten zu benennen und den Opfern Gerechtigkeit widerfahren zu lassen. Sie besaß einen ausdrücklich politischen Auftrag und sollte weder die wissenschaftliche Erforschung noch die juristische Aufarbeitung der SED-Diktatur ersetzen. Die Kommission führte eine Vielzahl von Anhörungen mit Wissenschaftlern und Zeitzeugen durch und gab eine Reihe von Expertisen in Auftrag. In der folgenden Legislaturperiode führte ab Herbst 1995 die Enquete-Kommission „Überwindung der Folgen der SED-Diktatur im Prozess der deutschen Einheit" diese Arbeit fort. Diese verabschiedete eine Beschlussempfehlung zur Errichtung einer Stiftung für die Auseinandersetzung mit der SED-Diktatur. Der Bundestag nahm diesen Vorschlag auf und im Juni 1998 wurde die „Bundesstiftung zur Aufarbeitung der SED-Diktatur" gegründet, deren Stiftungskapital sich aus dem früheren SED-Vermögen speist und die eine Vielzahl von Ausstellungen, Veranstaltungen und Publikationen fördert.

Rund 30 Jahre nach der Wiedervereinigung hat sich eine breite und vielfältige Aufarbeitungslandschaft aus Gedenkstätten, Vereinen, Archiven und anderen Institutionen etabliert, die sich mit Geschichte und Folgen der SED-Diktatur befassen. Neben Lob und Anerkennung erfährt die Aufarbeitung jedoch auch Kritik: So wird bemängelt, dass sie sich zu sehr auf die ostdeutschen Bundesländer konzentriere und die Kenntnisse der jüngeren Generationen über die DDR-Geschichte trotz aller Bemühungen große Defizite aufwiesen. Beklagt wird mitunter auch eine Schwarz-Weiß-Malerei des ostdeutschen Teilstaates, in der sich viele ehemalige DDR-Bürger nicht wiederfänden. Nichtdestotrotz ist die Aufarbeitung der SED-Diktatur längst zu einem festen Bestandteil der Erinnerungskultur des vereinigten Deutschlands geworden.

Linktipp | Die umfangreichen Materialien der beiden Enquete-Kommissionen des Bundestags sind mittlerweile vollständig digitalisiert. Sie stehen zusammen mit zahlreichen weiteren Materialien, darunter Videointerviews mit ausgewählten Mitgliedern, auf der von der Bundesstiftung zur Aufarbeitung der SED-Diktatur betriebenen Website www.enquete-online.de zur Verfügung. Eine Volltextrecherche im gesamten Textbestand ist möglich.

Wurden die Verantwortlichen des SED-Regimes zur Rechenschaft gezogen?

Nach der Wiedervereinigung stellte sich die Frage, ob und wie die Verantwortungsträger der SED-Diktatur für das in der DDR begangene Unrecht juristisch belangt werden sollten und konnten. Strafrechtliche Verfolgung setzt in einem Rechtsstaat individuelle Schuld voraus, die im Falle systembedingten Unrechts oft schwer zu ermitteln ist. Außerdem gilt das Verbot rückwirkender Bestrafung: Taten können nur dann geahndet werden, wenn sie bereits zu dem Zeitpunkt strafbar waren, zu dem sie begangen wurden. Dies machte die juristische Aufarbeitung von in der DDR begangenem Unrecht kompliziert.

Zu den in der Öffentlichkeit in diesem Zusammenhang am breitesten diskutierten Strafverfahren zählen die sogenannten Mauerschützenprozesse, in denen die Gewalttaten an der Berliner Mauer und der innerdeutschen Grenze verhandelt wurden. Denn die über 100 Flüchtlinge, die allein in Berlin beim Versuch, die Grenzanlagen zu überwinden, erschossen wurden, verunglückten oder sich das Leben nahmen, gelten als wichtigstes Symbol für die Unmenschlichkeit des DDR-Regimes. Die Strafverfolgung richtete sich sowohl gegen die Grenzsoldaten als Ausführende des Schießbefehls als auch gegen die für das Grenzregime politisch Verantwortlichen bis hinauf zur Führungsspitze der SED. Obwohl das Grenzgesetz der DDR die Anwendung der Schusswaffe gegen „Grenzverletzer" unter bestimmten Bedingungen erlaubte, war die strafrechtliche Verfolgung der Täter nach einer Entscheidung des Bundesgerichtshofs zulässig. Denn das Grenzgesetz, so die Argumentation, verstoße gegen elementare Gebote der Gerechtigkeit und durch das Völkerrecht geschützte Menschenrechte. Hier kam die im Zusammenhang mit der juristischen Ahndung der nationalsozialistischen Verbrechen entwickelte

„Radbruchsche Formel“ zur Anwendung, wonach Gesetze, die als „unerträglich ungerecht“ anzusehen sind, keine Geltung beanspruchen können.

Die in den Mauerschützenprozessen federführende Berliner Staatsanwaltschaft erhob Anklagen gegen insgesamt 246 Beschuldigte, von denen gut die Hälfte rechtskräftig verurteilt wurde. Darunter waren 80 einfache Grenzsoldaten, die in der Regel wegen Totschlags Bewährungsstrafen zwischen sechs Monaten und zwei Jahren erhielten. Dabei wurden die Einbindung der Soldaten in die straffe Befehlshierarchie, ihre ideologische Indoktrination, ihr jugendliches Alter sowie der große zeitliche Abstand zu den Taten strafmildernd berücksichtigt. Die Strafmaße stiegen mit dem hierarchischen Rang der Verantwortlichen. Angeklagt wurden in diesen Verfahren auch prominente Funktionäre wie SED-Generalsekretär Erich Honecker, der Minister für Staatssicherheit Erich Mielke und weitere Politbüromitglieder. Während zahlreiche Verfahren wegen des hohen Alters und des schlechten Gesundheitszustandes der Angeklagten eingestellt wurden, erhielten einige Spitzenfunktionäre mehrjährige Haftstrafen: Verteidigungsminister Heinz Keßler wurde zu siebeneinhalb Jahren, die Politbüromitglieder → Egon Krenz und → Günter Schabowski zu sechseinhalb bzw. drei Jahren Freiheitsstrafe verurteilt.

Zu Strafprozessen kam es auch wegen anderer Delikte, beispielsweise wegen der Fälschung der Ergebnisse der Kommunalwahlen vom Mai 1989. Hier war eine Verfolgung möglich, weil Wahlfälschung auch nach DDR-Recht strafbar war. Zu den Funktionären, die wegen dieses Delikts verurteilt wurden, zählen der damalige Dresdner Oberbürgermeister Wolfgang Berghofer sowie der 1. Sekretär der SED-Bezirksleitung Dresden und spätere Ministerpräsident der DDR → Hans Modrow. Sie erhielten jeweils Geldstrafen und zur Bewährung ausgesetzte Haftstrafen. Besondere mediale Aufmerksamkeit wurde auch den Verfahren wegen Amtsmissbrauch und Korruption gegen hohe Partei- und Staatsfunktionäre zuteil, gegen die bereits die DDR-Staatsanwaltschaft Ermittlungen aufgenommen hatte. Auch wegen der Misshandlung von Gefangenen, wegen Doping, Rechtsbeugung und Spionage wurden Gerichtsverfahren angestrengt.

Die juristische Aufarbeitung des DDR-Unrechts war zeitgenössisch hoch umstritten und wird bis heute kontrovers beurteilt. Während die einen von politisch motivierter „Siegerjustiz“ durch die Bundesrepublik sprechen, sind andere der Auffassung, die strafrechtliche Verfolgung von Verantwortlichen sei nur halbherzig erfolgt und habe dem Gerechtigkeitsempfinden der Opfer des Regimes nur unzureichend genüge getan. Für Unmut sorgte insbesondere, dass gerade Verfahren gegen höchste Repräsentanten des SED-Staates vielfach eingestellt wurden. Dies betraf ausgerechnet Erich Honecker, der erst nach langem diplomatischem Tauziehen von der chilenischen Botschaft in Moskau, in die er sich geflüchtet hatte, in die Bundesrepublik überstellt wurde. Der Haftbefehl gegen ihn wurde jedoch zwei Monate nach Beginn des Gerichtsverfahrens aufgrund seines Gesundheitszustandes aufgehoben und Honecker konnte nach Chile ausreisen. Stasi-Chef Erich Mielke wiederum wurde nicht wegen des von ihm in der DDR begangenen Unrechts, sondern wegen eines im Jahr 1931 verübten Mordes an zwei Polizisten verurteilt.

Zitat | „Wir wollten Gerechtigkeit und haben den Rechtsstaat bekommen", Bärbel Bohley, 9. Juli 1991
So äußerte sich die Bürgerrechtlerin im Juli 1991 auf einer vom Bundesjustizministerium ausgerichteten Konferenz zum Umgang mit dem SED-Unrecht. Im Kern brachte → Bohley zum Ausdruck, dass sich der westliche Rechtsstaat nicht dazu eignet, in Ostdeutschland „Gerechtigkeit" zu schaffen – ein grundsätzliches Dilemma, das sich aus der juristischen Aufarbeitung einer nicht-rechtsstaatlich verfassten Diktatur durch einen demokratischen Rechtsstaat ergibt. Die Authentizität des vielzitierten Satzes wurde in jüngerer Zeit angezweifelt, zumal er schriftlich komplexer dokumentiert ist. Doch unabhängig vom exakten ursprünglichen Wortlaut ist die Aussage zur Chiffre für das Unbehagen geworden, das manche Bürgerrechtler angesichts der aus ihrer Sicht unzureichenden strafrechtlichen Ahndung von SED-Unrecht empfanden. Für viele von ihnen war es schwer zu ertragen, dass die Verantwortlichen für das SED-Unrecht nun in der Bundesrepublik von eben jenen rechtsstaatlichen Prinzipien profitierten, die sie ihren Gegnern zu DDR-Zeiten stets verweigert hatten.

Literaturtipp | Der Jurist Klaus Marxen hat eine umfangreiche Dokumentation der strafrechtlichen Aufarbeitung von DDR-Unrecht erarbeitet, die bis zum Jahr 2009 in sieben Bänden erschienen ist. Zum Einstieg empfehlenswert ist eine gemeinsam mit zwei Kollegen verfasste bilanzierende Zusammenfassung, die 2020 in zweiter Auflage erschien: Klaus Marxen/Gerhard Werle/Moritz Vormbaum: *Die strafrechtliche Aufarbeitung von DDR-Unrecht. Eine Bilanz*, 2. Aufl., Berlin 2020.

Wie wird heute an die friedliche Revolution erinnert?

Die friedliche Revolution in der DDR und die Wiedervereinigung zählen zu den herausragenden Ereignissen der deutschen Geschichte. In ihrer historischen Bedeutung sind sie mit der deutschen Revolution von 1918/19 und dem Ende des Zweiten Weltkrieges 1945 vergleichbar. Das Jahr 1989 stellt nicht nur für die deutsche Geschichte eine tiefe Zäsur dar, sondern ist auch von welthistorischer Relevanz, da es das Ende des Kalten Krieges, der Systemkonfrontation zwischen den von den USA angeführten Westmächten und dem kommunistischen Ostblock unter Führung der Sowjetunion, markiert.

In der deutschen Bevölkerung ist die Erinnerung an die friedliche Revolution und die Wiedervereinigung von Ambivalenzen geprägt. Zwar überwiegen weithin die Freude über das Ende der SED-Diktatur und die Wiederherstellung der nationalen Einheit. Bei vielen Ostdeutschen verbinden sich mit dem Umbruch von 1989/90 jedoch auch schwierige persönliche Erfahrungen: Er bedeutete einen tiefen Einschnitt in ihrem Leben, war oft verbunden mit Arbeitslosigkeit und der Notwendigkeit zur beruflichen Neuorientierung, der vermeintlichen oder tatsächlichen Entwertung der bisherigen Biografie, für manche auch mit dem Verlust eines Stücks Identität. Selbst bei einigen Bürgerrechtlern, die das Ende der SED-Herrschaft selbst mit herbeigeführt haben, ist die Erinnerung getrübt, da sie ihre ursprünglichen Vorstellungen von einer eigenständigen, reformierten DDR oder einem Dritten Weg zwischen Sozialismus und Kapitalismus nicht umsetzen konnten. Die Art und Weise, wie die Deutsche Einheit zustande kam, sehen nicht wenige von ihnen kritisch. In der alten Bundesrepublik wiederum ist teilweise eine gewisse Indifferenz gegenüber den Ereignissen von 1989/90 zu beobachten, da diese für viele Westdeutsche eine viel geringere persönliche Relevanz besaßen.

Nichtsdestotrotz ist die friedliche Revolution an Jahrestagen stets Anlass für öffentlichkeitswirksame Gedenkveranstaltungen. Wichtigster Bezugspunkt ist dabei der 9. November, der Tag des Mauerfalls. Zu runden Jubiläen finden an diesem Datum großangelegte Feierlichkeiten mit prominenten Gästen vor Millionenpublikum statt. Zentraler Ort der Festivitäten ist das Brandenburger Tor in Berlin, das als Symbol für die deutsche Teilung und ihre Überwindung gilt. Zum Programm gehören oft spektakuläre Aktionen: So ließ man zum 20. Jahrestag 1.000 überdimensionale Dominosteine, die von Schülern, Künstlern und Zeitzeugen gestaltet worden waren, in einer Kettenreaktion umfallen. Fünf Jahre später wurde der Verlauf der Berliner Mauer mit einer Lichtgrenze aus 8.000 leuchtenden Ballons markiert, die am Abend des 9. November mit persönlichen Botschaften versehen in den Himmel stiegen.

Auch zum 30. Jubiläum der friedlichen Revolution im Herbst 2019 richtete die Bundesregierung ein umfangreiches Veranstaltungsprogramm aus. Unter anderem fuhr am 28. September ein „Zug der Freiheit" mit Zeitzeugen nach Prag, um an die Ausreise der Botschaftsflüchtlinge in die Bundesrepublik zu erinnern. Die öffentliche Diskussion war jedoch von skeptischen Tönen bestimmt. Beklagt wurde der Zustand der inneren Einheit und die sich in manchen Augen vertiefende Spaltung zwischen Ost und West, nicht zuletzt angesichts der im Osten der Republik überdurchschnittlichen Wahlerfolge der rechtspopulistischen Alternative für Deutschland (AfD). Angesichts dessen rückten im Prozess der Wiedervereinigung gemachte Fehler verstärkt in den Vordergrund. So wird etwa die Arbeit der Treuhandanstalt und deren langfristige Folgen für die wirtschaftliche und soziale Entwicklung in den neuen Bundesländern kritisch gesehen. Auch die nach wie vor bestehende Dominanz Westdeutscher in Spitzenfunktionen von Politik, Wirtschaft und Kultur unterstreicht die weiterhin existierende Ungleichheit zwischen Ost und West.

Ein zentrales Denkmal zur Erinnerung an die friedliche Revolution befindet sich derzeit im Bau. Bereits 2007 beschloss der Deutsche Bundestag, in Berlin ein „Freiheits- und Einheitsdenkmal" zu errichten und griff damit eine knapp zehn Jahre zuvor u. a. von DDR-Bürgerrechtlern gestartete Initiative auf. Der Weg von der Entscheidung des Parlaments bis zum Baubeginn war steinig. Die inhaltliche Konzeption, die Gestaltung des Siegerentwurfs sowie der Standort vor dem rekonstruierten Stadtschloss in Berlin-Mitte stießen bei Politikern, Journalisten und Historikern auf zum Teil scharfe Kritik. Zwischenzeitlich stand das Projekt als Ganzes in Frage. Es dauerte insgesamt fast 13 Jahre, bis im Mai 2020 der erste Spatenstich für das Denkmal mit dem Titel „Bürger in Bewegung" gesetzt wurde. Gebaut wird eine große begehbare und bewegliche Schale, die sich, je nach dem, wohin sich die auf ihr befindlichen Menschen bewegen, zur einen oder anderen Seite hin neigen soll. Das im Volksmund auch „Einheitswippe" genannte Denkmal soll veranschaulichen, wie gemeinsames Handeln Dinge in Bewegung bringen kann. Inwiefern es von der deutschen Bevölkerung als zentraler Erinnerungsort angenommen werden wird, bleibt abzuwarten.

Linktipp | Informationen, Hintergründe, Bilder und Interviews zum Freiheits- und Einheitsdenkmal finden sich auf der von der Deutschen Gesellschaft e. V. betriebenen Website www.freiheits-und-einheitsdenkmal.de.

Warum wird der „Tag der Deutschen Einheit" am 3. Oktober begangen?

Einen echten Nationalfeiertag hatte es in der alten Bundesrepublik nicht gegeben. Wenige Wochen nach dem Volksaufstand vom 17. Juni 1953 in der DDR erklärte der Deutsche Bundestag dieses Datum zum „Tag der deutschen Einheit" (mit kleinem „d") und bestimmte ihn zum gesetzlichen Feiertag. Zehn Jahre später proklamierte Bundespräsident Heinrich Lübke den Tag zum „Nationalen Gedenktag des deutschen Volkes" – damit traf er den Kern, regte doch der Anlass, der gescheiterte Aufstand, weniger zum Feiern als zum Gedenken an. In der DDR wurde bis 1989 der Tag der Staatsgründung am 7. Oktober als „Tag der Republik" begangen.

Im Zuge der Wiedervereinigung stellte sich die Frage nach einem künftigen gesamtdeutschen Nationalfeiertag. Auf den ersten Blick sprach vieles für den 9. November, den Tag des Mauerfalls. Doch war und ist dieses Datum durch die Erinnerung an die Reichspogromnacht 1938 belastet, der in der Bundesrepublik traditionell gedacht wird. Im Einigungsvertrag wurde der 3. Oktober, das Datum, an dem die Wiedervereinigung vollzogen wurde, als „Tag der Deutschen Einheit" (mit großem „D") festgelegt.

Die offiziellen Feierlichkeiten zum Tag der Deutschen Einheit werden reihum von den Bundesländern ausgerichtet, in der Regel in der jeweiligen Landeshauptstadt. Zuständig ist stets das Land, das zum gegebenen

Zeitpunkt den Vorsitz im Bundesrat innehat. Neben einem Staatsakt findet ein mehrtägiges Bürgerfest statt, bei dem sich die Bundesländer, die Bundesregierung sowie verschiedene öffentliche Einrichtungen auf einer „Ländermeile" präsentieren. Die Feierlichkeiten sind jedoch nicht auf das ausrichtende Bundesland beschränkt, auch an anderen Orten, etwa rund um das Brandenburger Tor in Berlin, finden Veranstaltungen und Konzerte statt.

Die Festsetzung des Feiertags auf den 3. Oktober war von Anfang an umstritten. Viele Deutsche in Ost und West verbinden wenig mit diesem Datum, an dem, so manche Kritiker, mit dem Beitritt der DDR zur Bundesrepublik ein bloßer Verwaltungsakt vollzogen wurde. Eine identitätsstiftende Wirkung vermag der Tag daher kaum zu entfalten. Immer wieder wurden daher Alternativen vorgeschlagen, am häufigsten der 9. Oktober, der Tag der Leipziger Montagsdemonstration, bei der die Staatmacht erstmals vor den demonstrierenden Bürgern kapitulierte. Umgesetzt wurde diese Idee ebenso wenig wie Vorschläge, den Feiertag ganz abzuschaffen oder ihn jeweils am ersten Sonntag im Oktober stattfinden zu lassen, um auf diese Weise einen arbeitsfreien Tag „einzusparen". So bleibt der Tag der Deutschen Einheit ein künstlicher, emotional kaum besetzter Feiertag und spiegelt damit in gewisser Hinsicht die ambivalent-distanzierte Haltung vieler Bundesbürger zu diesem Datum insgesamt wider.

Linktipp | Die Aktivitäten und Veranstaltungen des Bundeslandes, das den Tag der Deutschen Einheit ausrichtet, finden sich jeweils auf der Website www.tag-der-deutschen-einheit.de.

Zitat | „Sie träumten vom Paradies und wachten auf in Nordrhein-Westfalen", Joachim Gauck, 9. November 1999

Der erste runde Jahrestag des Mauerfalls wurde im Deutschen Bundestag mit einem Festakt und prominenten Gästen begangen: Neben Helmut Kohl als „Kanzler der Einheit" hielten der ehemalige US-Präsident George Bush sowie Ex-Sowjetchef Michail Gorbatschow Reden. Als einziger Ostdeutscher sprach → Joachim Gauck, damals Bundesbeauftragter für die Stasi-Unterlagen. Er beschwor dabei den Freiheitswillen der DDR-Bürger und würdigte die Leistungen der Bürgerrechtler. Zugleich erwähnte er die Wehmut vieler Protagonisten der DDR-Opposition: Von der Aufbruchsstimmung und von den Träumen des Herbstes

1989 sei nach Wiedervereinigung nicht viel übriggeblieben. Die daraus resultierende Ernüchterung brachte er mit folgenden Worten auf den Punkt: „Sie hatten vom Paradies geträumt und wachten in Nordrhein-Westfalen auf." Dieser von feiner Ironie geprägte Satz entwickelte sich zu einem bis heute in unterschiedlichen Varianten – oft mit einem „Wir" statt des „Sie" am Anfang – viel zitierten Hit. Der vollständige Wortlaut der Rede ist hier zu finden: www.bundestag.de/parlament/geschichte/gastredner/gorbatschow/gauck-247418.

Heißt es „Wende" oder „Friedliche Revolution"?

Für die Ereignisse der Jahre 1989 und 1990, die zum Ende der DDR geführt haben, werden zahlreiche unterschiedliche Begriffe verwendet, darunter „Wende", „Friedliche Revolution", „Zusammenbruch", „Erosion", „Untergang", „Implosion", „Umbruch". Bei der Wahl eines dieser Begriffe schwingt stets auch eine bestimmte Interpretation mit. Wer zum Beispiel von „Implosion" oder „Zusammenbruch" spricht, impliziert damit, die DDR sei ohne aktive Einwirkung von innen oder außen in sich zusammengefallen: aufgrund des wirtschaftlichen Niedergangs etwa, der Aushöhlung der Gesellschaft durch die Massenflucht, der Handlungsunfähigkeit der Partei- und Staatsführung oder des Wegfalls des sowjetischen Rückhalts für die SED-Machthaber. Wer den Begriff „Revolution" benutzt, betont hingegen den erfolgreichen Kampf von Menschen gegen das Regime, die Rolle der Bürgerrechtler und die Wirkung der Massendemonstrationen – ohne damit zwangsläufig andere Faktoren auszublenden. Eben weil damit eine Interpretation der Ereignisse verbunden ist, wurde und wird die Verwendung des „richtigen" Begriffes kontrovers diskutiert.

Die beiden Bezeichnungen, die bis heute am häufigsten benutzt werden, sind „Wende" und „friedliche Revolution". Im allgemeinen Sprachgebrauch setzte sich – in Ost wie West – zunächst rasch „Wende" durch. Dies stieß aber bald auf Kritik, insbesondere von Seiten mancher Bürgerrechtler. Denn das Wort „Wende" wurde von ihnen mit der Antrittsrede des letzten SED-Generalsekretärs → Egon Krenz verbunden – obgleich es bereits vorher gebraucht worden war. Krenz hatte am 18. Oktober 1989 davon gesprochen, dass die SED-Führung

„eine Wende einleiten" und die „politische und ideologische Offensive wiedererlangen" wolle. Mit der Verwendung des Begriffs „Wende" würde daher, so die Kritiker, die demokratische Erneuerung gerade jenen Machthabern zugeschrieben, die sich echten Veränderungen bis zum Schluss entgegengestellt hatten.
Auch bei manchen Westdeutschen sorgte die Rede von der „Wende" für Irritation, allerdings aus ganz anderen Gründen. Sie verbanden das Wort mit der Formel von der „geistig-moralischen Wende", die Helmut Kohl im Zusammenhang mit der Ablösung der sozialliberalen durch die christlich-liberale Koalition im Jahr 1982 geprägt hatte.
Die ostdeutsche Schriftstellerin → Christa Wolf kritisierte den Ausdruck „Wende" schon früh während der Kundgebung auf dem Berliner Alexanderplatz am 4. November 1989 und prägte dabei den Begriff „Wendehals", der in kürzester Zeit zum geflügelten Wort für diejenigen DDR-Funktionäre avancierte, die sich in opportunistischer Weise an die veränderten politischen Verhältnisse anzupassen versuchten. Wolf schlug vor, statt von „Wende" von einer von unten ausgehenden „revolutionären Erneuerung" zu sprechen.
Die Wortkombination „friedliche Revolution" wiederum verwendete als einer der ersten der Regierende Bürgermeister von Berlin Walter Momper. Er beglückwünschte auf der Kundgebung vor dem Schöneberger Rathaus am Abend des 10. November 1989 die Bürger der DDR zu ihrer „friedlichen und demokratischen Revolution". Diese Formulierung wurde rasch aufgegriffen – sowohl von westdeutschen Politikern als bezeichnenderweise auch von Egon Krenz, der sie sogar in den Untertitel seiner Erinnerungen an die Jahre 1989/90 aufnahm. Manche Bürgerrechtler sprachen nun ebenfalls von einer „friedlichen Revolution", während andere, unter ihnen → Bärbel Bohley, den Revolutionsbegriff für sich ablehnten und Begriffe wie „Umbruch" oder „Aufbegehren" bevorzugten.
Im allgemeinen Sprachgebrauch setzte sich der Terminus „friedliche Revolution" lange Zeit nicht durch, hier blieb die Rede von der „Wende" dominant. Dies änderte sich ab Mitte der 2000er-Jahre, ein Trend, der vom Sprachgebrauch in der historisch-politischen Bildung und bei offiziellen Gedenkveranstaltungen ausging. Nun fand vermehrt die Großschreibung „Friedliche Revolution" Verwendung, um einen feststehenden Begriff à la „Französische Revolution" oder „Zweiter Weltkrieg" zu markieren. Verbunden war damit im Vorfeld des 20. Jah-

restags des Mauerfalls, der mit weit größerem Aufwand gefeiert wurde als das zehnte Jubiläum, auch die geschichtspolitische Intention, die Rolle der DDR-Bevölkerung und insbesondere der Bürgerrechtsbewegung beim Sturz des SED-Regimes stärker zu würdigen als bisher. Mittlerweile findet der Begriff „friedliche Revolution" bzw. „Friedliche Revolution" sowohl in der Alltagssprache als auch in Wissenschaft, Publizistik und Gedenkkultur breite Verwendung, ohne die Rede von der „Wende" oder andere Ausdrücke vollständig verdrängt zu haben. Zugleich hat die Auseinandersetzung um die Begriffe an Schärfe verloren. Nicht für jeden ist die Verwendung eines bestimmten Terminus' eine Glaubensfrage.
In diesem Buch wird in der Regel die Formulierung „friedliche Revolution" verwendet, da sie mir den Ereignissen angemessen erscheint, durch die Kleinschreibung zugleich aber den Eindruck vermeidet, es handele sich dabei um einen feststehenden Begriff, der als maßgeblich zu betrachten ist.

Linktipp | Eine akribische Rekonstruktion der Geschichte von Begriffen und Slogans, die mit der friedlichen Revolution im Zusammenhang stehen, hat der Historiker und Soziologe Bernd Lindner im Sommer 2014 vorgelegt. Der Text ist abrufbar auf den Seiten der Bundeszentrale für politische Bildung: www.bpb.de/apuz/185602/begriffsgeschichte-der-friedlichen-revolution-eine-spurensuche.

Kurzbiografien

Im Verlauf des Buches wird von sehr vielen Menschen gesprochen, die in der einen oder anderen Form für die friedliche Revolution und die Wiedervereinigung von Bedeutung waren. Eine Auswahl davon wird nun in kurzen Biografien vorgestellt.

Geschichte wird von Menschen gemacht. Strukturen und Prozesse sind für das Verständnis historischer Ereignisse, ihrer Ursachen und Folgen wichtig – doch stehen dahinter stets konkrete Akteure: Personen, die durch ihr Handeln – oder auch ihr Nicht-Handeln – bestimmte Entwicklungen anstoßen, vorantreiben oder verzögern. Dies gilt auch und insbesondere für die friedliche Revolution in der DDR und den Prozess der deutschen Einigung. Am Schluss dieses Buches sollen daher einige dieser Persönlichkeiten in kurzen Portraits vorgestellt werden. Es finden sich unter ihnen zahlreiche Oppositionelle, aber auch Exponenten des Regimes sowie solche, die weder der einen noch der anderen Seite eindeutig zuzuordnen sind. Für manche von ihnen bedeuteten die friedliche Revolution und die Wiedervereinigung den Beginn einer politischen Karriere, für andere markierten sie deren Ende. Wiederum andere gelangten im Zuge der Ereignisse der Jahre 1989 und 1990 kurzzeitig zu Prominenz, um wenig später in die relative Anonymität zurückzukehren. Unter den zahlreichen bekannten und weniger bekannten Akteuren dieser Zeit eine begrenzte Auswahl zu treffen, ist naturgemäß schwierig. Mancher Leser mag die ein oder andere Persönlichkeit vermissen, andere wiederum in ihrer Bedeutung überschätzt finden. Die vorliegende Auswahl erhebt daher weder Anspruch auf Vollständigkeit noch auf Repräsentativität; sie will vielmehr ein Spektrum an Menschen vorstellen, die auf unterschiedliche Weise Bedeutung für die Ereignisse der Jahre 1989/90 erlangt haben.

Sabine Bergmann-Pohl

Sabine Bergman-Pohl (geb. Schulz, Jg. 1946) erwarb 1964 in Ostberlin das Abitur und studierte nach einem zweijährigen Praktikum am Institut für Gerichtsmedizin an der Humboldt-Universität Medizin. Sie ließ sich zur Fachärztin für Lungenkrankheiten ausbilden und war anschließend als Ärztliche Leiterin der Poliklinik für Lungenkrankheiten und Tuberkulose in Berlin-Friedrichshain und ab 1985 als Bezirkstuberkuloseärztin in Ostberlin tätig. Im Jahr 1981 trat Bergmann-Pohl der DDR-CDU bei und war seit 1987 Mitglied des Ostberliner Bezirksvorstands. Für die CDU zog sie mit der Wahl vom 18. März 1990 in die letzte DDR-Volkskammer ein, die sie zur Präsidentin wählte. Damit war sie aufgrund der Abschaffung des Staatsrats auch Staatsoberhaupt der DDR und zugleich das erste und bis heute einzige weibliche Staatsoberhaupt in Deutschland. Mit der Wiedervereinigung wurde Bergmann-Pohl als Ministerin für besondere Aufgaben in die Bundesregierung berufen. Bei der gesamtdeutschen Bundestagswahl vom Dezember 1990 errang sie ein Mandat und wurde Parlamentarische Staatssekretärin im Bundesgesundheitsministerium. Im Jahr 2002 schied sie aus dem Bundestag aus. Von 2014 bis 2016 gehörte Bergmann-Pohl der Expertenkommission zur Zukunft der Stasi-Unterlagen-Behörde an.

Literaturtipp | Sabine Bergmann-Pohl: Abschied ohne Tränen. Rückblick auf das Jahr der Einheit. Aufgezeichnet von Dietrich von Thadden, Berlin/Frankfurt am Main: Ullstein Verlag 1991

Marianne Birthler

Marianne Birthler (geb. Radtke, Jg. 1948) ließ sich nach Abitur und einer Tätigkeit im DDR-Außenhandel ab 1976 zur Katechetin ausbilden und war anschließend in der evangelischen Kinder- und Jugendarbeit in Ostberlin tätig. Ab Mitte der 1980er-Jahre engagierte sie sich in der Oppositionsbewegung, unter anderem als Mitbegründerin des Arbeitskreises Solidarische Kirche und seit 1988 in der Initiative Frieden und Menschenrechte. Für die Initiative sprach sie auf der Großdemonstration auf dem Berliner Alexanderplatz am 4. November 1989 und machte insbesondere auf die Misshandlungen von Demonstranten durch Sicherheitskräfte aufmerksam. Sie wirkte in der Arbeitsgruppe Bildung, Erziehung und Jugend beim Zentralen Runden Tisch mit und wurde am 18. März 1990 in die Volkskammer gewählt, wo sie als Sprecherin der Fraktion Bündnis 90/Grüne fungierte. Im Herbst 1990 wurde Birthler Ministerin für Bildung, Jugend und Sport im Land Brandenburg, trat aber zwei Jahre später wegen der Stasi-Verstrickungen von Ministerpräsident Manfred Stolpe zurück. Anschließend war sie für ein Jahr Co-Bundessprecherin von Bündnis 90/Die Grünen. Von 2000 bis 2011 amtierte Birthler als Nachfolgerin → Joachim Gaucks als Bundesbeauftragte für die Stasi-Unterlagen.

Literaturtipp | Marianne Birthler: Halbes Land. Ganzes Land. Ganzes Leben. Erinnerungen, München: Hanser Verlag 2014

Manfred „Ibrahim" Böhme

Manfred Böhme (1944–1999), der wiederholt falsche Aussagen über seine Biografie machte, eine jüdische Herkunft erfand und sich den Namen „Ibrahim" gab, trat mit 18 Jahren der SED bei. Nach wechselnder Berufstätigkeit war er seit 1971 Kreissekretär des Kulturbundes in Greiz. In dieser Zeit berichtete er als inoffizieller Mitarbeiter (IM) dem Ministerium für Staatssicherheit über kritische Schriftsteller wie Reiner Kunze und Jürgen Fuchs. Nach kurzzeitiger Haft wegen einer (inszenierten) Flugblattaktion im Jahr 1978 und Ausschluss aus der SED betätigte Böhme sich ab Mitte der 1980er-Jahre im Auftrag der Stasi in Oppositionskreisen. Auf dem Gründungsparteitag der SDP am 7. Oktober 1989 wurde er zum Geschäftsführer der Partei gewählt. Im Februar 1990 wurde er Parteivorsitzender und trat als Spitzenkandidat für die Volkskammerwahl an. Kurz nach der Wahl trat er wegen Stasi-Vorwürfen von allen Ämtern zurück, beteuerte aber seine Unschuld. Auf dem Vereinigungsparteitag von Ost- und West-SPD noch in den Vorstand gewählt, war seine politische Karriere Ende 1990 nach Enthüllungen des von ihm bespitzelten Schriftstellers Reiner Kunze beendet. Böhme lebte danach zurückgezogen in Berlin, eine Spitzeltätigkeit für die Staatssicherheit bestritt er bis zu seinem Tod.

Literaturtipp | Christiane Baumann: Manfred „Ibrahim" Böhme. Das Prinzip Verrat, Berlin: Lukas Verlag 2015

Bärbel Bohley

Bärbel Bohley (1945–2010) wuchs in Ostberlin auf und arbeitete als freischaffende Künstlerin. Seit den 1980er-Jahren engagierte sie sich in der Oppositions- und Friedensbewegung. Sie gründete 1982 gemeinsam mit anderen die unabhängige Initiativgruppe Frauen für den Frieden und später die Initiative Frieden und Menschenrechte. Aufgrund ihrer Aktivitäten wurde sie intensiv vom Ministerium für Staatssicherheit überwacht. Bohley wurde mehrfach verhaftet und im Januar 1988 aus der DDR abgeschoben. Nach ihrer Rückkehr engagierte sie sich weiter in der Opposition und gehörte im September 1989 zu den Initiatoren der Bürgerrechtsbewegung Neues Forum. Durch ihre vielfältigen Aktivitäten galt sie in Ost und West als „Gesicht der friedlichen Revolution“. Sie trat für eine eigenständige, erneuerte DDR ein und sah die rasche Vereinigung mit der Bundesrepublik kritisch. Nach 1990 war sie in der Friedens- und Aufbauarbeit im ehemaligen Jugoslawien tätig und setzte sich für die Aufarbeitung des SED-Unrechts ein. Bärbel Bohley starb im September 2010.

Literaturtipp | Bärbel Bohley: Englisches Tagebuch 1988. Aus dem Nachlass hg. v. Irena Kukutz, Berlin: BasisDruck 2011

Rainer Eppelmann

Rainer Eppelmann (Jg. 1943) wuchs in Ostberlin auf. Ein Abitur in der DDR blieb ihm verwehrt, da er nicht Mitglied der FDJ war, und er arbeitete zunächst als Maurer. Wegen seiner Verweigerung des Wehrdienstes und des Fahneneids wurde er zu einer achtmonatigen Haftstrafe verurteilt. Später studierte Eppelmann evangelische Theologie und wurde Pfarrer in der Ostberliner Samaritergemeinde sowie Kreisjugendpfarrer in Berlin-Friedrichshain. In den 1980er-Jahren engagierte er sich in der Friedens- und Menschenrechtsbewegung und geriet wegen des gemeinsam mit Robert Havemann veröffentlichten „Berliner Appells“ für Abrüstung kurzzeitig in Untersuchungshaft. Bekannt wurde Eppelmann durch die in seiner Kirche abgehaltenen „Bluesmessen“, die vor allem unangepasste Jugendliche anzogen. Im Herbst 1989 gehörte er zu den Mitbegründern des Demokratischen Aufbruchs, vertrat diesen am Runden Tisch und zog später in die DDR-Volkskammer ein. In der letzten DDR-Regierung war er Verteidigungsminister, nach der Wiedervereinigung saß er bis 2005 für die CDU im Bundestag. Als Vorsitzender der Bundesstiftung zur Aufarbeitung der SED-Diktatur engagiert sich Eppelmann bis heute für die Auseinandersetzung mit der DDR-Vergangenheit.

Literaturtipp | Rainer Eppelmann: Gottes doppelte Spur. Vom Staatsfeind zum Parlamentarier, Holzgerlingen: Hänssler Verlag 2007

Joachim Gauck

Die Kindheit des 1940 in Rostock geborenen Joachim Gauck war von der Verschleppung seines Vaters im Jahre 1951 geprägt, der erst vier Jahre später aus einem sowjetischen Arbeitslager zurückkehrte. In Ablehnung zum politischen System der DDR erzogen, studierte Gauck evangelische Theologie und wurde Pfarrer, ab 1971 in einer Rostocker Plattenbausiedlung. Obwohl er keiner Oppositionsgruppe angehörte, wurde Gauck, der ab 1982 auch Leiter der Kirchentagsarbeit in Mecklenburg war, seit Mitte der 1970er-Jahre vom Staatssicherheitsdienst beobachtet. Die von ihm im Herbst 1989 in der Marienkirche abgehaltenen Gottesdienste waren Ausgangspunkt der Demonstrationen gegen die SED-Herrschaft in Rostock. Am 18. März 1990 wurde Gauck als Kandidat des Neuen Forums in die Volkskammer gewählt, wo er als Vorsitzender des Sonderausschusses zur Kontrolle der Auflösung des MfS/AfNS wirkte. Nach der Wiedervereinigung wurde Gauck Sonderbeauftragter bzw. Bundesbeauftragter für die Stasi-Unterlagen und prägte in seiner zehnjährigen Amtszeit den Umgang mit den Hinterlassenschaften der DDR-Geheimpolizei sowie die Aufarbeitung der SED-Diktatur maßgeblich. Von 2012 bis 2017 amtierte er als erster parteiloser Präsident der Bundesrepublik Deutschland.

Literaturtipp | Joachim Gauck: Winter im Sommer – Frühling im Herbst. Erinnerungen, München: Siedler Verlag 2009

Gregor Gysi

Gregor Gysi (Jg. 1948) wuchs als Sohn des späteren DDR-Kulturministers und Staatssekretärs für Kirchenfragen Klaus Gysi in Ostberlin auf. Im Jahr 1967 trat er der SED bei und war ab 1971 als Rechtsanwalt tätig, wobei er auch prominente Systemkritiker wie Robert Havemann, → Bärbel Bohley und → Ulrike Poppe verteidigte. Öffentlich in Erscheinung trat er erstmals auf der Großdemonstration am 4. November 1989 auf dem Berliner Alexanderplatz, wo er sich für Reformen aussprach, aber an der führenden Rolle der Einheitspartei festhalten wollte. Auf dem Sonderparteitag der SED im Dezember 1989 stemmte er sich gegen Forderungen nach einer Selbstauflösung der Partei und wurde zu ihrem Vorsitzenden gewählt.

Als deren Vertreter nahm er am Runden Tisch teil und wurde Mitglied der letzten DDR-Volkskammer. Aufgrund seines Charismas und seines rhetorischen Talents erlangte er rasch Bekanntheit und wurde zum mit Abstand prominentesten Vertreter der Postkommunisten, für die er seit der Wiedervereinigung mit kurzer Unterbrechung im Bundestag sitzt, lange Zeit als Fraktionsvorsitzender. Gegen wiederholt erhobene Vorwürfe, als inoffizieller Mitarbeiter (IM) für das Ministerium für Staatssicherheit tätig gewesen zu sein, setzte Gysi sich juristisch erfolgreich zu Wehr.

Literaturtipp | Gregor Gysi: Ein Leben ist zu wenig. Die Autobiographie, Berlin: Aufbau Verlag 2017

Katrin Hattenhauer

Geboren 1968 und aufgewachsen im thüringischen Nordhausen wurde Katrin Hattenhauer der Zugang zur Erweiterten Oberschule und damit zum Abitur verweigert. Dies führte zum Bruch mit dem System der DDR. Nach dem Ende ihrer Schulzeit engagierte sie sich in einer lokalen kirchlichen Umweltgruppe und nahm im Alter von 20 Jahren ein Studium am Theologischen Seminar in Leipzig auf mit dem Ziel, Pfarrerin zu werden. In Leipzig engagierte sie sich im Arbeitskreis Gerechtigkeit. Obwohl ihre politischen Aktivitäten zu ihrem Ausschluss vom Studium führten, setzte sie diese fort. Besondere Bedeutung erlangte eine Aktion im Anschluss an das Friedensgebet in der Leipziger Nikolaikirche am 4. September 1989. Gemeinsam mit Gesine Oltmanns enthüllte sie ein Transparent mit der Aufschrift „Für ein offenes Land mit freien Menschen". Zwar entrissen Stasi-Mitarbeiter ihr schon wenig später das Plakat, dennoch formte sich ein kleiner Demonstrationszug, der zur Initialzündung für die Montagsdemonstrationen wurde. Eine Woche später wurde Hattenhauer beim gleichen Anlass festgenommen und in die Leipziger Stasi-Untersuchungshaftanstalt verbracht. Erst am 13. Oktober wurde sie freigelassen. Nach der Wiedervereinigung baute Hattenhauer u. a. das Archiv Bürgerbewegung Leipzig mit auf.

Literaturtipp | Thomas Mayer: Die Freiheit wagen. Widerstand mit Risiko – Am 9. Oktober 1989, dem Tag der Entscheidung, sitzt Katrin Hattenhauer im Gefängnis, in: Ders.: Helden der Friedlichen Revolution. 18 Porträts von Wegbereitern aus Leipzig, Leipzig: Evangelische Verlagsanstalt 2009, S. 80–87

Regine Hildebrandt

Regine Hildebrandt (geb. Radischewski, 1941–2001) wuchs unmittelbar an der Sektorengrenze in der Bernauer Straße in Ostberlin auf. Nach dem Abitur wurde ihre Studienbewerbung zunächst abgelehnt, weil sie nicht Mitglied der FDJ war. Mithilfe eines nachträglichen Immatrikulationsverfahrens konnte sie schließlich doch Biologie studieren und schloss 1968 ihre Promotion ab. Bis 1978 war Hildebrandt als stellvertretende Leiterin der Pharmakologischen Abteilung des VEB Berlin-Chemie und anschließend als Bereichsleiterin in der Berliner Zentralstelle für Diabetes und Stoffwechselkrankheiten tätig. Im Herbst 1989 engagierte sie sich zunächst in der Bürgerrechtsgruppe Demokratie Jetzt, trat aber im Oktober in die Sozialdemokratische Partei der DDR ein. Für die SPD zog sie im März 1990 in die letzte DDR-Volkskammer ein und wurde Ministerin für Arbeit und Soziales in der Regierung von → Lothar de Maizière. Nach der Wiedervereinigung amtierte sie bis 1999 als Ministerin für Arbeit, Soziales, Gesundheit und Frauen des Landes Brandenburg. Aufgrund ihres resoluten Auftretens und ihres Engagements für die Belange der ehemaligen DDR-Bürger gehörte sie zu den populärsten ostdeutschen Politikerinnen im wiedervereinigten Deutschland.

Literaturtipp | Hans-Dieter Schütt: Ich seh doch, was hier los ist. Regine Hildebrandt. Biographie, Berlin: Aufbau Verlag 2007

Günther Krause

Der 1953 in Halle/Saale geborene Günther Krause schloss 1978 sein Studium an der Hochschule für Architektur und Bauwesen Weimar als Diplom-Ingenieur ab und arbeitete anschließend beim Wohnungsbaukombinat in Rostock. Ab 1982 war er an der Ingenieurhochschule in Wismar tätig, wo er promovierte und sich habilitierte. Seit 1975 Mitglied der DDR-CDU war Krause ab 1987 Kreisvorsitzender der Partei in Bad Doberan und wurde mit der Gründung des Landesverbandes Mecklenburg-Vorpommern im März 1990 dessen erster Vorsitzender. Bei der Volkskammerwahl konnte er ein Mandat erringen und Ministerpräsident → Lothar de Maizière berief ihn zum Parlamentarischen Staatssekretär. In dieser Funktion handelte Krause für die ostdeutsche Seite den deutschen Einigungsvertrag aus, den er gemeinsam mit seinem westdeutschen Verhandlungspartner Wolfgang Schäuble am 31. August 1990 unterzeichnete. Nach der Wiedervereinigung trat er als Minister für besondere Aufgaben in die Regierung von Helmut Kohl ein, nach der ersten gesamtdeutschen Bundestagswahl wurde er im Januar 1991 Verkehrsminister. Wegen mehrerer Affären trat er im Jahr 1993 von seinen politischen Ämtern zurück.

Literaturtipp | Johannes Ludewig: Günther Krause. Der Mann aus dem Nowhere, in: Ders.: Unternehmen Wiedervereinigung. Von Planern, Machern, Visionären, Hamburg: Osburg Verlag 2015, S. 31–39

Egon Krenz

Egon Krenz (Jg. 1937) machte zunächst in der FDJ Karriere, deren Chef er von 1974 bis 1983 war. Im Jahr 1973 stieg er in das ZK, zehn Jahre später ins Politbüro der SED auf. Als Sekretär des ZK war er u. a. für die Jugend sowie für Sicherheitsfragen zuständig. Seit Mitte der 1980er-Jahre galt Krenz als „zweiter Mann“ hinter Erich Honecker und dessen „Kronprinz“. Am 17. Oktober 1989 stürzte er gemeinsam mit anderen Politbüromitgliedern seinen politischen Ziehvater und ließ sich am Folgetag zu dessen Nachfolger als Generalsekretär sowie als Vorsitzender des Staatsrates wählen. Krenz prägte in seiner Antrittsrede den Begriff der „Wende“. Zu echten Reformen war er jedoch nicht bereit, weshalb er von der Bevölkerung abgelehnt wurde. Am 3. Dezember trat Krenz gemeinsam mit dem gesamten Politbüro zurück, drei Tage später gab er sein Amt als Staatsratsvorsitzender ab. Im Januar 1990 wurde er aus der SED-PDS ausgeschlossen. Wegen seiner Mitverantwortung für die Todesschüsse an der Berliner Mauer wurde Krenz 1996 zu sechseinhalb Jahren Gefängnis verurteilt, von denen er knapp vier Jahre verbüßte.

Literaturtipp | Egon Krenz: Wenn Mauern fallen. Die friedliche Revolution. Vorgeschichte – Ablauf – Auswirkungen, Wien: Paul Neff Verlag 1990

Vera Lengsfeld

Vera Lengsfeld (gesch. Wollenberger, Jg. 1952) wuchs als Tochter eines hohen MfS-Offiziers ab 1958 in Ostberlin auf. Sie studierte Geschichte und Philosophie in Leipzig und Berlin und war anschließend als Mitarbeiterin an der Akademie der Wissenschaften, später als Lektorin im Verlag Neues Leben tätig. Mit 23 Jahren trat sie der SED bei. Im Jahr 1981 gehörte Lengsfeld zu den Gründern des Friedenskreis Pankow. Nach ihrem öffentlichen Protest gegen die Stationierung von Mittelstreckenraketen in der DDR wurde sie 1983 aus der Einheitspartei ausgeschlossen und erhielt Berufsverbot. Sie begann ein Studium der Theologie und engagierte sie sich weiter in Friedens- und Umweltgruppen. Wegen einer geplanten Protestaktion während der Liebknecht-Luxemburg-Demonstration wurde sie im Januar 1988 zu sechs Monaten Haft verurteilt, konnte aber nach England ausreisen. Am 9. November 1989 kehrte sie nach Ostberlin zurück und schloss sich der Grünen Partei an, für die sie im März 1990 in die Volkskammer gewählt wurde. Nach Öffnung der Stasi-Akten erfuhr Lengsfeld, dass ihr Mann Knud Wollenberger sie jahrelang bespitzelt hatte, worauf sie sich scheiden ließ. Ab 1990 war Lengsfeld zunächst für Bündnis 90/Die Grünen und von 1996 bis 2005 für die CDU Mitglied des Deutschen Bundestags.

Literaturtipp | Vera Lengsfeld: Ich wollte frei sein. Die Mauer, die Stasi, die Revolution, München: Herbig Verlag 2012

Lothar de Maizière

Lothar de Maizière (Jg. 1940) arbeitete in der DDR als Rechtsanwalt und verteidigte vor allem jugendliche Wehrdienstverweigerer. In den 1980er-Jahren wirkte er zudem als Vizepräses der Synode des Bundes der Evangelischen Kirchen. Seit 1956 Mitglied der Ost-CDU wurde de Maizière am 10. November 1989 zum Vorsitzenden der Partei gewählt. Kurz darauf trat er als für Kirchenfragen zuständiger stellvertretender Ministerpräsident in die Regierung von → Hans Modrow ein. Im März 1990 führte er die CDU in die Volkskammerwahlen. Nach dem überraschenden Sieg seiner Partei wurde de Maizière zum letzten Ministerpräsidenten der DDR gewählt. Seine Amtszeit war von den Verhandlungen zur Wiedervereinigung bestimmt. Im Oktober 1990 wurde de Maizière stellvertretender Vorsitzender der vereinigten CDU und zog in den Bundestag ein. Ende 1990 erhobene Vorwürfe, er sei als inoffizieller Mitarbeiter für den Staatssicherheitsdienst tätig gewesen, wies er zurück, ließ aber trotzdem seine politischen Ämter ruhen. Im Herbst 1991 zog sich Lothar de Maizière ganz aus der Politik zurück und ist seitdem wieder als Rechtsanwalt tätig.

Literaturtipp | Lothar de Maizière: Ich will, dass meine Kinder nicht mehr lügen müssen. Meine Geschichte der deutschen Einheit, Freiburg/Basel/Wien: Herder Verlag 2010

Markus Meckel

Da er die staatliche Oberschule aus politischen Gründen verlassen musste, legte Markus Meckel (Jg. 1952) sein Abitur am kirchlichen Oberseminar in Potsdam-Hermannswerder ab. Er verweigerte den Wehrdienst und studierte in den 1970er-Jahren evangelische Theologie. Bereits in dieser Zeit engagierte sich Meckel in der kirchlichen Friedens- und Menschenrechtsbewegung. Von 1980 bis 1988 war er Vikar bzw. Pfarrer in der Gemeinde Vipperow in Mecklenburg, wo er einen Friedenskreis gründete und die Mobilen Friedensseminare mitorganisierte. Anschließend leitete er eine Ökumenische Begegnungs- und Bildungsstätte bei Magdeburg. Gemeinsam mit seinem Pfarrerkollegen Martin Gutzeit verfasste er im Juli 1989 den Aufruf zur Gründung einer Sozialdemokratischen Partei in der DDR, zwei

Monate später wurde er auf der Gründungsversammlung zu deren zweitem Sprecher gewählt. Er zog in die letzte DDR-Volkskammer ein und wurde Außenminister in der Regierung von → Lothar de Maizière. In dieser Funktion nahm er an den Zwei-plus-Vier-Gesprächen teil. Von 1990 bis 2009 war Meckel SPD-Abgeordneter im Bundestag, zudem ist er seit ihrer Gründung Stiftungsratsvorsitzender der Bundesstiftung zur Aufarbeitung der SED-Diktatur.

Literaturtipp | Markus Meckel: Zu wandeln die Zeiten. Erinnerungen, Leipzig: Evangelische Verlagsanstalt 2020

Hans Modrow

Der gelernte Maschinenschlosser Hans Modrow (1928–2023) machte bald nach seiner Rückkehr aus sowjetischer Kriegsgefangenschaft in FDJ und SED Karriere. 1954 wurde er Mitglied der SED-Bezirksleitung Berlin, 1967 stieg er ins Zentralkomitee auf und ab 1973 war er 1. Sekretär der SED-Bezirksleitung Dresden. Als solcher war er verantwortlich für das harte Vorgehen der Volkspolizei gegen die Unruhen am Dresdner Hauptbahnhof während der Durchfahrt der Flüchtlingszüge im Oktober 1989. Modrow galt in der SED als Reformer und am 12. November 1989 wählte ihn die Volkskammer zum Ministerpräsidenten der DDR. Während seiner fünfmonatigen Amtszeit blieb der aufgrund seines bescheidenen Auftretens populäre Modrow zumeist Getriebener der Ereignisse. Die restlose Auflösung des Staatssicherheitsdienstes setzte er erst nach massivem Druck seitens der Opposition um, ein eigenes Konzept zur Wiedervereinigung legte er erst vor, als er aus Moskau keine Unterstützung für den Fortbestand der DDR mehr erhielt. Im Februar 1990 wurde Modrow Ehrenvorsitzender der in PDS umbenannten SED und war jeweils für eine Legislaturperiode Mitglied des Bundestags und des Europaparlaments. Bis ins hohe Alter trat Hans Modrow als Zeitzeuge zur Geschichte der DDR in Erscheinung.

Literaturtipp | Oliver Dürkop/Michael Gehler (Hg.): In Veantwortung. Hans Modrow und der deutsche Umbruch 1989/90, Innsbruck: Studienverlag 2018

Ulrike Poppe

In Rostock geboren und in der Nähe von Berlin aufgewachsen war Ulrike Poppe (geb. Wick, Jg. 1953) ab 1976 als Assistentin am Museum für Deutsche Geschichte in Ostberlin tätig. Im Jahr 1980 gründete sie den ersten unabhängigen Kinderladen in Ostberlin, um Kindern eine vorschulische Erziehung außerhalb des staatlichen Bildungssystems der DDR zu ermöglichen. Gemeinsam mit → Bärbel Bohley und anderen initiierte sie 1982 das Netzwerk Frauen für den Frieden. Wegen angeblicher „landesverräterischer Tätigkeit" wurden Poppe und Bohley ein Jahr später vom Ministerium für Staatssicherheit verhaftet und verbrachten sechs Wochen in der Untersuchungshaftanstalt Berlin-Hohenschönhausen. Seit 1985 war Poppe Mitglied der Initiative Frieden und Menschenrechte und beteiligte sich an weiteren Friedens- und Oppositionsgruppen. Im September 1989 gehörte sie zu den Mitbegründern von Demokratie Jetzt, war Mitglied in deren Sprecherrat und vertrat die Bürgerbewegung am Zentralen Runden Tisch. Nach der Wiedervereinigung war Poppe zunächst als Studienleiterin bei der Evangelischen Akademie Berlin-Brandenburg und von 2009 bis 2017 als Landesbeauftragte zur Aufarbeitung der Folgen der kommunistischen Diktatur in Brandenburg tätig.

Literaturtipp | Hermann Wentker: Von der Friedens- und Menschenrechtsbewegung zur friedlichen Revolution – Ulrike Poppe, in: Bastian Hein/Manfred Kittel/Horst Möller (Hg.): Gesichter der Demokratie. Porträts zur deutschen Zeitgeschichte, München: Oldenbourg Verlag 2012, S. 343–359

Jens Reich

Jens Reich wurde 1939 in Göttingen geboren und wuchs in Halberstadt auf. Nach seinem Medizinstudium arbeitete er zunächst als Assistenzarzt. Später ging er in die Forschung und war ab 1968 am Zentrum für Molekularbiologie in Berlin-Buch tätig. Zu Beginn der 1970er-Jahre gründete er mit anderen den Freitagskreis, einen Diskussionszirkel, der sich kritisch mit den Verhältnissen in der DDR auseinandersetzte. Im Jahr 1984 verlor er seine Position als Abteilungsleiter, weil er sich weigerte, seine Westkontakte abzubrechen und mit der Staatssicherheit zusammenzuarbeiten. Er gehörte im September 1989 zu den Autoren des Aufrufs „Aufbruch 89 – Neues Forum" und sprach am 4. November auf der Großdemonstration auf dem Berliner Alexanderplatz. Für das Neue Forum wurde er im März 1990 in die Volkskammer gewählt, wo er am Tag ihrer Auflösung die letzte Rede hielt. Ende 1990 zog sich Reich aus der Politik zurück, ließ sich aber 1994 als unabhängiger Kandidat, unterstützt von Bündnis 90/Die Grünen, für die Wahl zum Bundespräsidenten aufstellen. Reich wurde wieder als Wissenschaftler tätig, u. a. als Professor für Bioinformatik an der Humboldt-Universität zu Berlin. Von 2001 bis 2012 gehörte er dem Nationalen bzw. dem Deutschen Ethikrat an.

Literaturtipp | Jens Reich: Abschied von den Lebenslügen. Die Intelligenz und die Macht, Berlin: Rowohlt Verlag 1992

Günter Schabowski

Günter Schabowski (1929–2015) absolvierte nach dem Abitur ein journalistisches Volontariat und war ab 1947 Redakteur der Gewerkschaftszeitung Tribüne. Im Jahr 1952 trat er der SED bei. Nach Abschluss eines Fernstudiums der Journalistik und dem Besuch der Parteihochschule in Moskau war er ab 1968 stellvertretender und von 1978 bis 1985 Chefredakteur der SED-Tageszeitung Neues Deutschland. Parallel dazu stieg er in der Parteihierarchie auf: Seit 1981 gehörte er dem ZK der SED, seit 1984 dem Politbüro an, ein Jahr später wurde er 1. Sekretär der SED-Bezirksleitung von Ostberlin. Der Weltöffentlichkeit wurde Schabowski durch die Pressekonferenz am Abend des 9. November 1989 bekannt, als er mit der Verlesung des neuen Reisegesetzes unbeabsichtigt zum Fall der Mauer beitrug. Knapp einen Monat später trat er mit dem gesamten Politbüro zurück und wurde im Januar 1990 aus der SED-PDS ausgeschlossen. Nach der Wiedervereinigung wurde er aufgrund seiner Mitverantwortung für das DDR-Grenzregime wegen Totschlags zu drei Jahren Gefängnis verurteilt, von denen er ein Jahr verbüßte. Schabowski war einer der wenigen Spitzenfunktionäre der SED, die sich nach 1989 kritisch mit ihrer Verantwortung für das in der DDR begangene Unrecht auseinandersetzten.

Literaturtipp | Günter Schabowski: Der Absturz, Reinbek bei Hamburg: Rowohlt Verlag 1992

Wolfgang Schnur

Wolfgang Schnur (1944–2016) wuchs als Waisenkind auf Rügen und in Rostock auf. Nach einer Maurerlehre studierte er Jura und war als Rechtsanwalt zunächst in Binz und ab 1978 mit eigener Kanzlei in Rostock tätig. Parallel dazu engagierte er sich in kirchlichen Gremien, u. a. als Mitglied der Synode des Bundes der Evangelischen Kirchen in der DDR. Als Vertrauensanwalt der Evangelischen Kirche vertrat er Wehrdienstverweigerer, Dissidenten und prominente Bürgerrechtler, darunter → Bärbel Bohley und → Vera Lengsfeld. Im Oktober 1989 gehörte Schnur zu den Gründern des Demokratischen Aufbruchs, zu dessen Vorsitzenden er im Dezember gewählt wurde. Er gehörte zum konservativen Flügel, der sich innerhalb der Partei durchsetzte, und trat zur Volkskammerwahl als ihr Spitzenkandidat an. Wenige Tage vor der Wahl tauchte seine Stasi-Akte auf, Schnur trat als Vorsitzender zurück und wurde später aus der Partei ausgeschlossen. Tatsächlich war Schnur seit 1965 als IM für den Staatssicherheitsdienst tätig gewesen und hatte auch über seine Mandanten berichtet. Nach der Wiedervereinigung betätigte sich Schnur eine Zeitlang wieder als Rechtsanwalt, bis ihm 1993 wegen Parteiverrats und „Unwürdigkeit" die Anwaltszulassung entzogen wurde.

Literaturtipp | Alexander Kobylinski: Der verratene Verräter. Wolfgang Schnur. Bürgerrechtsanwalt und Spitzenspitzel, Halle: Mitteldeutscher Verlag 2015

Christa Wolf

Geboren in Landsberg an der Warthe flüchtete Christa Wolf (geb. Ihlenfeld, 1929–2011) bei Kriegsende zunächst nach Mecklenburg. Nach dem Abitur trat sie der SED bei, studierte bis 1953 Germanistik und arbeitete anschließend u. a. als Lektorin und Redakteurin. Ab 1962 war Wolf als freie Schriftstellerin tätig. Nach der Veröffentlichung der Erzählung *Der geteilte Himmel* über eine Liebe zwischen Ost und West avancierte Wolf zu einer der führenden literarischen Stimmen der DDR und genoss auch in der Bundesrepublik hohe Anerkennung. Wolf, die von 1963 bis 1967 als Kandidatin dem ZK der SED angehörte, schloss sich 1976 dem Protest gegen die Ausbürgerung des Liedermachers Wolf Biermann aus der DDR an, woraufhin sie aus dem Vorstand des Schriftstellerverbandes ausgeschlossen wurde. In den 1980er-Jahren unternahm sie zahlreiche Leserreisen, auch ins westliche Ausland. Wolf sprach auf der Großkundgebung am 4. November 1989 auf dem Berliner Alexanderplatz. Sie gehörte zu den Initiatoren des Aufrufs „Für unser Land", der nach dem Mauerfall für eine eigenständige DDR warb. Im Zuge der Wiedervereinigung geriet sie ins Zentrum des sogenannten Literaturstreits, in dem sie sich heftigen Angriffen im Hinblick auf ihre politische Haltung und ihre künstlerische Integrität unter der DDR-Diktatur ausgesetzt sah.

Literaturtipp | Christa Wolf: Ein Tag im Jahr. 1960–2000, München: Luchterhand Verlag 2003

Abkürzungsverzeichnis

ADN	Allgemeiner Deutscher Nachrichtendienst
AfNS	Amt für Nationale Sicherheit
AP	Associated Press
ARD	Arbeitsgemeinschaft der öffentlich-rechtlichen Rundfunkanstalten der Bundesrepublik Deutschland
AStAk	Antistalinistische Aktion Berlin-Normannenstraße e. V.
BFD	Bund Freier Demokraten
BRD	Bundesrepublik Deutschland
BStU	Bundesbeauftragte(r) für die Stasi-Unterlagen
BvS	Bundesanstalt für vereinigungsbedingte Sonderaufgaben
CDU	Christlich-Demokratische Union Deutschlands
ČSSR	Tschechoslowakische Sozialistische Republik
CSU	Christlich-Soziale Union in Bayern
DA	Demokratischer Aufbruch
DBD	Demokratische Bauernpartei Deutschlands
DDR	Deutsche Demokratische Republik
DM	Deutsche Mark (West)
DSU	Deutsche Soziale Union
EG	Europäische Gemeinschaft(en)
FDJ	Freie Deutsche Jugend
FDP	Freie Demokratische Partei
IM	inoffizieller Mitarbeiter (des MfS)
KPD	Kommunistische Partei Deutschlands
KPdSU	Kommunistische Partei der Sowjetunion
KSZE	Konferenz über Sicherheit und Zusammenarbeit in Europa

LDPD	Liberal-Demokratische Partei Deutschlands
MDR	Mitteldeutscher Rundfunk
MfS	Ministerium für Staatssicherheit
NATO	North Atlantic Treaty Organization
NDPD	National-Demokratische Partei Deutschlands
NS	Nationalsozialismus / nationalsozialistisch
PDS	Partei des Demokratischen Sozialismus
RAF	Rote Armee Fraktion
SBZ	Sowjetische Besatzungszone
SDP	Sozialdemokratische Partei (in der DDR)
SED	Sozialistische Einheitspartei Deutschlands
SPD	Sozialdemokratische Partei Deutschlands
StUG	Stasi-Unterlagen Gesetz
UFV	Unabhängiger Frauenverband
UN	United Nations
UNO	United Nations Organization
US	United States
USA	United States of America
VEB	Volkseigener Betrieb
VL	Vereinigte Linke
WASG	Wahlalternative Arbeit und soziale Gerechtigkeit
ZDF	Zweites Deutsches Fernsehen
ZK	Zentralkomitee

Verwendete Literatur

Apelt, Andreas H./Grünbaum, Robert (Hg.): Das letzte Jahr der DDR. Von der Volkskammerwahl zur Wiedervereinigung, Berlin: Metropol Verlag 2015

Apelt, Andreas H./Grünbaum, Robert/Gutzeit, Martin (Hg.): Der Weg zur Deutschen Einheit. Mythen und Legenden, Berlin: Metropol Verlag 2010

Ash, Timothy Garton: Ein Jahrhundert wird abgewählt. Aus den Zentren Mitteleuropas 1980–1990, München/Wien: Hanser Verlag 1990

Bahrmann, Hannes/Links, Christoph: Chronik der Wende. Die Ereignisse in der DDR zwischen 7. Oktober 1989 und 18. März 1990, Berlin: Ch. Links Verlag 1999

Bahrmann, Hannes/Links, Christoph: Finale. Das letzte Jahr der DDR, Berlin: Ch. Links Verlag 2019

Balzer, Thomas/Stippekohl, Siv/Wittenburg, Siegfried: Atlas des Aufbruchs: Geschichten aus 25 Jahren Mecklenburg-Vorpommern, Berlin: Ch. Links Verlag 2015

Baumann, Christiane: Manfred „Ibrahim" Böhme. Das Prinzip Verrat, Berlin: Lukas Verlag 2015

Benz, Wolfgang: Wie es zu Deutschlands Teilung kam. Vom Zusammenbruch zur Gründung der beiden deutschen Staaten 1945–1949, München: dtv 2018

Bergmann-Pohl, Sabine: Abschied ohne Tränen. Rückblick auf das Jahr der Einheit. Aufgezeichnet von Dietrich von Thadden, Berlin/Frankfurt am Main: Ullstein Verlag 1991

Bernhof, Reinhard/Brohm, Silke: Im Schatten der Kolossalfiguren. Basisdokumente zur Friedlichen Revolution 1989 in Leipzig, Leipzig: Leipziger Literaturverlag 2009

Birthler, Marianne: Halbes Land. Ganzes Land. Ganzes Leben. Erinnerungen, München: Hanser Verlag 2014

Bispinck, Henrik/Kokenge, Anna/Vogelsänger, Chris: Im Zeichen der Entspannungspolitik. Der erste Tatort und die deutsche Teilung, in: Visual History, 22.03.2021, https://visual-history.de/2021/03/22/im-zeichen-der-entspannungspo litik

Bispinck, Henrik: Flucht- und Ausreisebewegung als Krisenphänomene. 1953 und 1989 im Vergleich, in: Ders./Jürgen Danyel/Hans-Hermann Hertle/Hermann Wentker (Hg.): Aufstände im Ostblock. Zur Krisengeschichte des realen Sozialismus, Berlin: Ch. Links Verlag 2004, S. 145–161

Bispinck, Henrik: Motive für Flucht und Ausreise aus der DDR, in: Bettina Effner/Helge Heidemeyer (Hg.): Flucht im geteilten Deutschland, Berlin: BeBra Verlag 2005, S. 49–65

Bohley, Bärbel: Englisches Tagebuch 1988. Aus dem Nachlass hg. v. Irena Kukutz, Berlin: BasisDruck 2011

Brückweh, Kerstin: Unter ostdeutschen Dächern. Eine lange Eigentumsgeschichte der „Wende“, in: Deutschland Archiv 2020, Bonn: Bundeszentrale für politische Bildung 2021, S. 43–55

Bundesstiftung zur Aufarbeitung der SED-Diktatur (Hg.): Von der Friedlichen Revolution zur deutschen Einheit. Eine Geschichte in Bildern mit Texten von Ulrich Mählert, Berlin: Jaron Verlag 2019

Danyel, Jürgen/Kimmel, Elke: Waldsiedlung Wandlitz. Eine Landschaft der Macht, Berlin: Ch. Links Verlag 2016

Dietrich, Christian/Jander, Martin: Die Ausweitung zum Massenprotest in Sachsen und Thüringen, in: Eberhardt Kuhrt u. a. (Hg.): Opposition in der DDR von den 70er Jahren bis zum Zusammenbruch der SED-Herrschaft, Opladen: Leske + Budrich 1999

Dürkop, Oliver/Gehler, Michael (Hg.): In Verantwortung. Hans Modrow und der deutsche Umbruch 1989/90, Innsbruck/Wien/Bozen: Studienverlag 2018

Effner, Bettina/Heidemeyer, Helge: Flucht im geteilten Deutschland, Berlin: BeBra Verlag 2005

Engelmann, Roger/Halbrock, Christian/Joestel, Frank: Vernichtung von Stasi-Akten. Eine Untersuchung zu den Verlusten 1989/90, Berlin: Bundesbeauftragter für die Stasi-Unterlagen 2020

Eppelmann, Rainer: Gottes doppelte Spur. Vom Staatsfeind zum Parlamentarier, Holzgerlingen: Hänssler Verlag 2007

Florath, Bernd: Das Revolutionsjahr 1989. Die demokratische Revolution in Osteuropa als transnationale Zäsur, Göttingen: Vandenhoeck & Ruprecht 2011

Gauck, Joachim: Winter im Sommer – Frühling im Herbst. Erinnerungen, München: Siedler Verlag 2009

Gieseke, Jens: Die Stasi 1945–1990, München: Pantheon-Verlag 2011

Gorbatschow, Michail: Perestroika. Die zweite russische Revolution. Eine neue Politik für Europa und die Welt, erweiterte Neuausgabe, München: Knaur 1989

Gysi, Gregor: Ein Leben ist zu wenig. Die Autobiographie, Berlin: Aufbau Verlag 2017

Hanisch, Anja: Die DDR im KSZE-Prozess 1972–1985, München: Oldenbourg Verlag 2012

Heinz, Michael: „Der Kampf um die Hirne und Herzen der Menschen tobt …“. Friedliche Revolution und demokratischer Übergang in den Kreisen Bad Doberan und Rostock-Land, Rostock: Ostsee-Druck 2009

Henke, Klaus-Dietmar (Hg.): Revolution und Vereinigung 1989/90. Als in Deutschland die Realität die Phantasie überholte, München: dtv 2009

Hertle, Hans-Hermann: Der Sturz Erich Honeckers. Zur Rekonstruktion eines innerparteilichen Machtkampfes, in: Klaus-Dietmar Henke/Peter Steinbach/Johannes Tuchel (Hg.): Widerstand und Opposition in der DDR, Köln/Weimar/Wien: Böhlau Verlag 1999, S. 327–346

Hertle, Hans-Hermann: Sofort, unverzüglich. Die Chronik des Mauerfalls, 3. Aufl., Berlin: Ch. Links Verlag 2020

Hobsbawm, Eric: Das Zeitalter der Extreme. Weltgeschichte des 20. Jahrhunderts, 4. Aufl., München: dtv 2000

Holzhauer, Thomas: Die „Nachfolgepartei". Die Integration der PDS in das politische System der Bundesrepublik Deutschland 1990–2005, Berlin: De Gruyter Oldenbourg 2021

Jankowski, Martin: Der Tag, der Deutschland veränderte – 9. Oktober 1989, Leipzig: Evangelische Verlagsanstalt 2007

Kimmel, Elke: West-Berlin. Biografie einer Halbstadt, Berlin: Ch. Links Verlag 2018

Kloth, Hans Michael: Vom „Zettelfalten" zur freien Wahl. Die Demokratisierung der DDR 1989/90 und die „Wahlfrage", Berlin: Ch. Links Verlag 2000

Kobylinski, Alexander: Der verratene Verräter. Wolfgang Schnur. Bürgerrechtsanwalt und Spitzenspitzel, Halle: Mitteldeutscher Verlag 2015

Kohl, Helmut: Erinnerungen 1982–1990, München: Droemer Verlag 2005

Kowalczuk, Ilko-Sascha: Die Übernahme. Wie Ostdeutschland Teil der Bundesrepublik wurde, München: C.H. Beck Verlag 2019

Kowalczuk, Ilko-Sascha: Endspiel. Die Revolution von 1989 in der DDR, 3., überarb., korr. und erw. Neuausg., München: C.H. Beck Verlag 2015

Kowalczuk, Ilko-Sascha: Stasi konkret. Überwachung und Repression in der DDR, München: C.H. Beck Verlag 2013

Krenz, Egon: Wenn Mauern fallen. Die friedliche Revolution. Vorgeschichte – Ablauf – Auswirkungen, Wien: Paul Neff Verlag 1990

Kukutz, Irena: Chronik der Bürgerbewegung Neues Forum 1989–1990, Berlin: BasisDruck 2009

Kurucz, Gyula (Hg.): Das Tor zur deutschen Einheit. Grenzdurchbruch Sopron 19. August 1989, Berlin: edition q 2000

Küsters, Hanns Jürgen: Der Bonn/Berlin-Beschluss vom 20. Juni 1991 und seine Folgen, in: Historisch-politische Mitteilungen 19 (2012), S. 1–24

Lengsfeld, Vera: Ich wollte frei sein. Die Mauer, die Stasi, die Revolution, München: Herbig Verlag 2012

Lindner, Bernd: Begriffsgeschichte der Friedlichen Revolution. Eine Spurensuche, in: Aus Politik und Zeitgeschichte 66 (2014) B 24–26, S. 33–39

Links, Christoph/Nitsche, Sybille/Taffelt, Antje: Das wunderbare Jahr der Anarchie. Von der Kraft zivilen Ungehorsams 1989/90, Berlin: Ch. Links Verlag 2004

Ludewig, Johannes: Unternehmen Wiedervereinigung. Von Planern, Machern, Visionären, Hamburg: Osburg Verlag 2015

Mählert, Ulrich: Geschichte der DDR 1949–1990, 4., aktual. Aufl., Erfurt: Landeszentrale für politische Bildung 2017

Mählert, Ulrich: Kleine Geschichte der DDR, 5., überarb. Aufl., München: C.H. Beck Verlag 2007

Maier, Charles S.: Das Verschwinden der DDR und der Untergang des Kommunismus, Frankfurt am Main: S. Fischer Verlag 1999

Maizière, Lothar de: Ich will, dass meine Kinder nicht mehr lügen müssen. Meine Geschichte der deutschen Einheit, Freiburg/Basel/Wien: Herder Verlag 2010

Malycha, Andreas: Vom Hoffnungsträger zum Prügelknaben. Die Treuhandanstalt zwischen wirtschaftlichen Erwartungen und politischen Zwängen 1989-1994, Berlin: Ch. Links Verlag 2022

Marxen, Klaus/Werle, Gerhard/Vormbaum, Moritz: Die strafrechtliche Aufarbeitung von DDR-Unrecht. Eine Bilanz, 2. Aufl., Berlin: De Gruyter Verlag 2020

Mayer, Thomas: Helden der Friedlichen Revolution. 18 Porträts von Wegbereitern aus Leipzig, Leipzig: Evangelische Verlagsanstalt 2009

Meckel, Markus: Zu wandeln die Zeiten. Erinnerungen, Leipzig: Evangelische Verlagsanstalt 2020

Neubert, Ehrhart: Geschichte der Opposition in der DDR 1949-1989, 2., durchges. u. erw. sowie korr. Aufl., Bonn: Bundeszentrale für politische Bildung 2000

Neubert, Ehrhart: Unsere Revolution. Die Geschichte der Jahre 1989/90, München: Piper Verlag 2008

Plato, Alexander von: Die Vereinigung Deutschlands – ein weltpolitisches Machtspiel. Bush, Kohl, Gorbatschow und die geheimen Moskauer Protokolle, 2., durchges. Aufl., Bonn: Bundeszentrale für politische Bildung 2003

Pollack, Detlef/Grabner, Wolf-Jürgen/Heinze, Christiane (Hg.): Leipzig im Oktober. Kirchen und alternative Gruppen im Umbruch der DDR – Analysen zur Wende, 2. Aufl., Berlin: Wichern-Verlag 1990

Reich, Jens: Abschied von den Lebenslügen. Die Intelligenz und die Macht, Berlin: Rowohlt Verlag 1992

Rein, Gerhard: Die protestantische Revolution 1987–1990. Ein deutsches Lesebuch, Berlin: Wichern-Verlag 1990

Ritter, Gerhard A.: Der Preis der deutschen Einheit. Die Wiedervereinigung und die Krise des Sozialstaats, 2., erw. Aufl., München: C.H. Beck Verlag 2007

Ritter, Gerhard A.: Über Deutschland. Die Bundesrepublik in der deutschen Geschichte, 2., durchges. Aufl., München: C.H. Beck Verlag 2000

Rödder, Andreas: Deutschland einig Vaterland. Die Geschichte der Wiedervereinigung. München: C.H. Beck Verlag 2009

Rödder, Andreas: Geschichte der deutschen Wiedervereinigung, 3., durchges. Aufl., München: C.H. Beck Verlag 2020

Rother, Bernd: „Jetzt wächst zusammen, was zusammengehört" – Oder: Warum Historiker Rundfunkarchive nutzen sollten, in: Timothy Garton Ash: Wächst zusammen, was zusammengehört? Deutschland und Europa zehn Jahre nach dem Fall der Mauer, Berlin: Bundeskanzler-Willy-Brandt-Stiftung 2001, S. 25–29

Rudolph, Thomas/Kloss, Oliver/Müller, Rainer/Wonneberger, Christoph (Hg.): Weg in den Aufstand. Chronik zu Opposition und Widerstand in der DDR von August 1987 bis zum Dezember 1989, 2 Bde., Leipzig: Araki Verlag 2014/2018

Sabrow, Martin (Hg.): Revolution! Verehrt – verhasst – vergessen, Leipzig: Akademische Verlagsanstalt 2019

Sabrow, Martin/Siebeneichner, Tilmann/Weiß, Peter Ulrich (Hg.): 1989 – Eine Epochenzäsur?, Göttingen: Wallstein Verlag 2021

Schabowski, Günter: Der Absturz, Berlin: Rowohlt Verlag 1992

Schäuble, Wolfgang: Der Vertrag. Wie ich über die deutsche Einheit verhandelte, München: Droemer Knaur 1993

Schiefer, Mark/Stief, Martin (Bearb.): Die DDR im Blick der Stasi 1989. Die geheimen Berichte an die SED-Führung, Göttingen: Vandenhoeck & Ruprecht 2019

Schmidt-Schweizer, Andreas: Die Öffnung der ungarischen Westgrenze für die DDR-Bürger im Sommer 1989. Vorgeschichte, Hintergründe und Schlußfolgerungen, in: Südosteuropa-Mitteilungen 37 (1997) 1, S. 33–53.

Schöne, Jens: Die friedliche Revolution. Berlin 1989/90 – Der Weg zur deutschen Einheit, Berlin: Berlin Story Verlag 2008

Schuller, Wolfgang: Die deutsche Revolution 1989, Berlin: Rowohlt Verlag 2009

Schumann, Silke: Vernichten oder Offenlegen. Zur Entstehung des Stasi-Unterlagen-Gesetzes. Eine Dokumentation der öffentlichen Debatte 1990/1991, Berlin: Der Bundesbeauftragte für die Stasi-Unterlagen 1995

Schütt, Hans-Dieter: Ich seh doch, was hier los ist. Regine Hildebrandt. Biographie, Berlin: Aufbau Verlag 2007

Steiner, André: Von Plan zu Plan. Eine Wirtschaftsgeschichte der DDR, Bonn: Bundeszentrale für politische Bildung 2007

Stude, Sebastian: Die Friedliche Revolution 1989/90 in Halle/Saale. Ereignisse, Akteure und Hintergründe, Frankfurt am Main u. a.: Peter Lang Verlag 2009

Süß, Walter: Staatssicherheit am Ende. Warum es den Mächtigen nicht gelang, 1989 eine Revolution zu verhindern, Berlin: Ch. Links Verlag 1999

Thaysen, Uwe: Zentraler Runder Tisch der DDR. Wortprotokoll und Dokumente, 5 Bde., Opladen: Leske + Budrich 2000

Uhl, Matthias: Die Teilung Deutschlands. Niederlage, Ost-West-Spaltung und Wiederaufbau 1945–1949, Berlin 2009

Vollnhals, Clemens (Hg.): Jahre des Umbruchs. Friedliche Revolution in der DDR und Transition in Ostmitteleuropa, Göttingen: Vandenhoeck & Ruprecht 2011

Wengst, Udo/Wentker, Hermann (Hg.): Das doppelte Deutschland. 40 Jahre Systemkonkurrenz, Bonn: Bundeszentrale für politische Bildung 2008

Wensierski, Peter: Die unheimliche Leichtigkeit der Revolution: Wie eine Gruppe junger Leipziger die Rebellion in der DDR wagte, München: Deutsche Verlags-Anstalt 2017

Wentker, Hermann: Die Deutschen und Gorbatschow. Der Gorbatschow-Diskurs im doppelten Deutschland 1985–1991, Berlin: Metropol Verlag 2020

Wentker, Hermann: Die Revolution der Staatenwelt und die Wiedervereinigung. Die Wiederherstellung der deutschen Einheit als Problem der internationalen Politik, in: Andreas H. Apelt/Robert Grünbaum/Martin Gutzeit (Hg.): Der Weg zur Deutschen Einheit. Mythen und Legenden, Berlin: Metropol Verlag 2010, S. 211–230.

Wentker, Hermann: Von der Friedens- und Menschenrechtsbewegung zur friedlichen Revolution – Ulrike Poppe, in: Bastian Hein/Manfred Kittel/Horst Möller (Hg.): Gesichter der Demokratie. Porträts zur deutschen Zeitgeschichte, München: Oldenbourg Verlag 2012, S. 343–359

Wolf, Christa: Ein Tag im Jahr 1960–2000, 5. Aufl., Frankfurt am Main: Suhrkamp Verlag 2014

Wolff, Frank: Die Mauergesellschaft. Kalter Krieg, Menschenrechte und die deutsch-deutsche Migration 1961–1989, Berlin: Suhrkamp Verlag 2019

Wolle, Stefan: Die heile Welt der Diktatur. Alltag und Herrschaft in der DDR 1971–1989, Berlin: Ch. Links Verlag 1998

Wunnicke, Christoph: Der Bezirk Neubrandenburg im Jahr 1989, Schwerin: Die Landesbeauftragte für Mecklenburg-Vorpommern für die Unterlagen des Staatssicherheitsdienstes der ehemaligen DDR 2010

Zwahr, Hartmut: „Wir sind das Volk!“, in: Etienne François/Hagen Schulze (Hg.): Deutsche Erinnerungsorte, Bd. II, München: C.H. Beck Verlag 2001, S. 253–268

Sachregister

Personenregister

Ortsregister

Frag doch einfach!

Klare Antworten aus erster Hand

Die utb-Reihe „Frag doch einfach!" beantwortet Fragen, die sich nicht nur Studierende stellen. Im Frage-Antwort-Stil geben Expert:innen kundig Auskunft und verraten alles Wissenswerte rund um das Thema. Die wichtigsten Fachbegriffe stellen sie zudem prägnant vor und verraten, welche Websites, YouTube-Videos und Bücher das Wissen vertiefen.
So lässt sich leicht in ein Thema einsteigen und über den Tellerrand schauen.

Bisher sind erschienen:

Michael von Hauff
Nachhaltigkeit für Deutschland? Frag doch einfach!
2020, 190 Seiten
ISBN 978-3-8252-5435-3

Claudia Ossola-Haring
Ein Start-up gründen? Frag doch einfach!
2020, 238 Seiten
ISBN 978-3-8252-5436-0

Roman Simschek, Arie van Bennekum
Agilität? Frag doch einfach!
2. Auflage, 2023, 197 Seiten
ISBN 978-3-8252-6055-2

Martin Oppelt
Demokratie? Frag doch einfach!
2021, 202 Seiten
ISBN 978-3-8252-5446-9

Florian Kunze, Kilian Hampel, Sophia Zimmermann
Homeoffice und mobiles Arbeiten? Frag doch einfach!
2021, 190 Seiten
ISBN 978-3-8252-5664-7

Gerald Pilz
Mobilität im 21. Jahrhundert? Frag doch einfach!
2021, 230 Seiten
ISBN 978-3-8252-5662-3

Anke Brinkmann, Gabriele Dreilich, Christian Stadler
Virtuelle Teams führen? Frag doch einfach!
2022, 148 Seiten
ISBN 978-3-8252-5780-4

Andreas Koch
Armut? Frag doch einfach!
2022, 179 Seiten
ISBN 978-3-8252-5554-1

Barbara Schmidt
Angst? Frag doch einfach!
2022, 143 Seiten
ISBN 978-3-8252-5687-6

Fabian Kaiser, Arie van Bennekum
Scrum? Frag doch einfach!
2022, 134 Seiten
ISBN 978-3-8252-5974-7

Florian Spohr
Lobbyismus? Frag doch einfach!
2023, 199 Seiten
ISBN 978-3-8252-5688-3

Henrik Bispinck
Friedliche Revolution und Wiedervereinigung? Frag doch einfach!
2023, 185 Seiten
ISBN 978-3-8252-5445-2